Indice

Questo libro è dedicato un bambino che aveva tanta, tantissima paura. Non gli piaceva per niente avere paura e timido, in silenzio, con gli occhi grandi e muti che hanno solo i bambini, mi chiedeva come fare. Si chiamava Sebastiano e, in qualsiasi posto si trovi ora, spero con tutto il mio cuore mi abbia perdonato per avere avuto così poche risposte.

Ho provato a cercarne alcune ora.

"L'assenza di paura non significa arroganza o aggressività. Questa ultima è in sé stessa un segno di paura. L'assenza di paura presuppone la calma e la pace dell'anima. Per essa è necessaria avere una viva fede in Dio".

Mahatma Gandhi

"La paura non può essere senza speranza né la speranza senza paura".

Dall'*Etica* di *Baruch Spinoza*

Prefazione
La “paura”

di *Kristian Ghedina* [1].

“Sono convinto che sulla Mausefalle si possa fare la capriola”.

Ho conosciuto Sebastiano Zanolli attraverso un amico comune.

Mi ha detto: “perché tu che di mestiere rischi sempre non scrivi qualche riga per introdurre il mio nuovo libro sul tema della paura?”.

In effetti potevo farlo, ho letto il libro, ben fatto, semplice ed utile, ed allora eccomi qui.

Non è facile per me parlare di paura.

Quando ti infili gli sci a quattro anni, come tanti altri che vivono dalle mie parti, e ti butti giù da piste sempre più ripide, la paura un po’ alla volta se ne va senza nemmeno accorgersi.

Tutte queste sfide, queste gare, queste competizioni ti stimolano a pensare, a prevedere, a reagire in tempi infinitesimali agli imprevisti, così ad un certo punto ti accorgi che la discesa è diventata una scivolata a 155 km/h ma la paura non c’è più.

Certo, rimane tanta tensione, prima, ma la paura si dissolve. Almeno per me.

Combatto la tensione mantenendo un atteggiamento positivo, ottimista, aperto verso gli altri mentre la paura semplicemente se ne va.

[1] Non serve, ma mi va di ricordare che tra le mille qualità di Kristian, con 12 vittorie in discesa libera, c’è che Ghedina è il più grande discesista italiano di tutti i tempi. A livello internazionale si pone al sesto posto nella lista dei migliori di tutti i tempi. Oltre 160 discese libere in Coppa del Mondo, 34 podi, 13 vittorie, due medaglie d’argento e una di bronzo ai Campionati mondiali. Per conoscerlo meglio www.ghedina.com e la sua autobiografia: *Primi e centesimi*”, di Kristian Ghedina e Gianluca Trivero. Edizioni Nutrimenti, 2006.

Credo che sia così perché si tenta, si ritenta, si fa del proprio meglio, si cade e ci si rialza, ed ogni volta si è un po' più forti, un po' più maturi.

È il metodo che conosco per superare le insicurezze che sono poi le radici della paura.

Lo sport favorisce questo meccanismo, l'allenamento come anche l'agonismo continuo allarga l'ambito in cui ti senti sicuro.

Non è mai gratuito questo guadagno, costa sacrificio, fatica e sudore ma se l'alternativa è rimanere fermi sulla linea di partenza senza mai avere il coraggio di darsi la spinta ed affrontare la pista, allora questi sacrifici valgono la posta in palio.

Secondo me, così funziona anche nella vita, di fronte ai problemi che magari mi spaventano.

Vanno presi un po' alla volta, ma vanno affrontati, accerchiati e un po' alla volta cancellati.

Non ho mai avuto paura durante le gare, dicevo, e nemmeno prima.

Ma ho avuto paura, nel 2000, in Sud America quando durante un fuoripista sono caduto fratturandomi due vertebre e lo sterno.

Una paura durata i trenta secondi in cui non riuscivo più a respirare.

La paura di finire i miei giorni paralizzato.

È finita quando, provando a muovere le mani ed i piedi, ho realizzato di averne ancora il controllo.

Il timore di avere commesso l'irreparabile è angosciante ma anche questa esperienza mi ha convinto che l'importante è calcolare il rischio, cercare di preventivare l'imprevedibile ma senza mollare, senza cercare scorciatoie che non esistono.

Io corro sempre.

Formula 3000, Super Motard, tutte sfide veloci, e continuo a divertirmi mentre cerco di controllare quella frazione di secondo che cerca invece di controllare me.

La paura per me, Kristian Ghedina, è un sentimento che aiuta a migliorare e se questo libro potrà spiegare il perché a tanti che sono bloccati da questa emozione sarò felice di averne curato la prefazione.

Come ho detto a Sebastiano io credo di sì.

Introduzione
Dacci oggi una paura quotidiana

> Il nostro cervello non sembra avere qualità di controllo innate. Il nostro cervello sembra non interessarsi al tipo di informazioni con le quali lo nutriamo. Diamogli un pensiero, idee, concetti, dati e semplicemente li processerà. Il cervello non sembra molto sveglio circa la qualità del contenuto con cui lo alimentiamo, a differenza dello stomaco. Almeno lo stomaco ha abbastanza sensibilità da vomitare se lo riempiamo di immondizia. Il cervello non sembra essere così intelligente.
>
> L. Michael Hall[1]

Uno spettro si aggira per l'Europa.

E qui finiscono le analogie con il famoso incipit del *Manifesto* di Karl Marx.

Infatti lo spettro in questione non è quello del comunismo.

E il territorio su cui spazia non è solo l'Europa.

Sto parlando della paura.

Sto parlando dell'intero mondo occidentale.

E forse dovrei parlare di "paure", al plurale.

Per chi, come me, è appassionato nel comprendere le motivazioni che inducono le persone a lottare e insistere per raggiungere i propri obiettivi, la paura è una croce e una delizia.

Da una parte spinge. Dall'altra blocca.

Tira e rallenta.

Chiarifica e confonde.

È un incontro dal quale non si prescinde se si vuole proseguire sulla strada della soddisfazione e dell'equilibrio.

Tentare di capire, sintetizzare quindi proporre in forma scritta mi è parso tanto più utile quante più e-mail, riferite proprio a questo argomento, ho ricevuto dai lettori.

Era da almeno cinquant'anni, dal dopoguerra, che questo sentimento non faceva così tanta mostra di sé come in questi ultimi tempi.

[1] L. Michael Hall è uno psicologo e scrittore americano. www.neurosemantics.com.

Io, che mi aggiro sulla quarantina, mi sento sufficientemente confuso e scosso da un mutamento così rivoluzionario nei pensieri della gente comune, e immagino che a maggior ragione lo siano anche coloro che si sono affacciati al mondo lavorativo nei decenni successivi.

Ma già dalla scuola superiore il timore di non sapere fare fronte al nuovo che avanza dilaga.

Poi non passa giorno che qualche collega non mi telefoni per chiedermi se ho qualche aggancio che gli permetta di ritrovare un lavoro che ha appena perso.

Così mi chiedo quando toccherà a me telefonare.

Non passa giorno senza che riceva decine di telefonate e di curriculum di persone che chiedono semplicemente la possibilità di poter svolgere uno stage.

Così mi chiedo cosa farò quando mio figlio cercherà lavoro.

Non passa giorno senza che un piccolo mattone dell'edificio che avevamo costruito, basato sulla certezza e sulla centralità del lavoro, con tutte le conseguenze economiche che ne derivano, venga tolto.

E poi la paura delle guerre. Convenzionali o non convenzionali.

Chi sarà il prossimo? Vittime o carnefici?

L'insicurezza del nucleo familiare. Avrò dei genitori che rimangono insieme domani? Avrò ancora un partner domani?

Il crollo delle certezze spirituali classiche e l'insensatezza e lo spavento che provocano il dolore e la morte in una società che pone il suo orizzonte più distante al massimo a domani mattina.

Paura di non capire più da che parte stare.

Paura di non distinguere chi dice cose sensate da chi invece cialtroneggia nel *mare magnum* di internet.

Mi sono perso anche io. Chi, per favore, mi indica la strada?

Non capita anche a voi?

Non sta capitando ogni volta che aprite il giornale?

Gerarchie che si sovvertono, ruoli che si mischiano, sistemi legislativi e giudiziari impantanati e troppo lenti per supportare un mondo veloce come una trottola.

E poi, tu chi sei per indicarmi la strada?

Squilibri economici e flussi migratori.

Culture a contatto di gomito, che come nel viaggio a bordo di un bus afoso e troppo gremito iniziano a darsi fastidio a vicenda.

Eravamo tanti ad essere sicuri che tutto sarebbe stato sempre migliore.

Negli anni '70 eravamo stati tirati su a dosi di Idrolitina e formaggini Ramek o Mio, quelli dopo di noi a Biancorì e Ciocorì, e forse anche per questo abbiamo sempre avuto la certezza che il dopo sarebbe sempre stato meglio del prima.

Sarà che quando eravamo bambini ci insegnavano che in quel salvadanaio di ferro della cassa di risparmio stavamo mettendo delle monetine che ci avrebbero risolto il futuro[1].

Oppure che si festeggiava la festa degli alberi e ce ne facevano piantare uno a testa o uno per classe perché così avremmo salvato e reso sempre più bello il mondo anche per i nostri figli.

Si sa, gli alberi vivono più a lungo degli umani.

Poi, più tardi, negli anni '80, vedevamo un video dei Duran Duran, e capivamo che nel futuro avremmo tutti ballato e cantato in compagnia di una splendida modella a bordo di una meravigliosa barca spinta dal vento che ci scompigliava i capelli.

In fondo che cosa serviva?

Molto entusiasmo e un po' di voglia di fare.

Anche i fasti della Borsa e del mercato finanziario di quegli anni ci convincevano che tutti saremmo stati bene lavorando pochissimo.

Saranno state queste ed altre esperienze, ma se avessi dovuto pensare che un giorno avrei avuto paura del futuro mi sarei preso per matto.

A dire la verità, il fine di questo libro è proprio dimostrarmi che matto non sono e che molte delle paure che mi accompagnano sono ombre proiettate sul fondo della caverna in cui viviamo, e poco o nulla ci dicono della realtà vera da cui sono generate[2].

[1] Adesso, invece, un signore occhieggia dal teleschermo consigliandomi di spendere tutto e subito, che devo fare girare l'economia. Se non lo farò, gli altri mi odieranno e non mi ringrazieranno più. Mah...

[2] Ho preso indegnamente a prestito il mito di Platone, secondo il quale gli uomini sono prigionieri dentro una caverna, con le spalle rivolte verso la luce. Gli oggetti reali sono fuori dalla caverna, e purtroppo gli uomini non si possono girare per guardarli direttamente. Possono solo vedere le ombre che gli oggetti proiettano contro le pareti della caverna. Dunque per Platone gli uomini sono condannati a poter cogliere attraverso la sensazione solo le ombre delle idee. Pochi riusciranno ad uscire e a vedere le cose come realmente sono e a liberarsi dalle convinzioni illusorie.

Che molto poco di quello che crediamo è diverso da quello che è sempre stato, e la sicurezza, per come l'abbiamo alterata, è una invenzione tutta occidentale che poggia su pilastri poco saldi da sempre.

Che si può, da una parte, muoversi per parare i colpi di una situazione incerta e dall'altra imparare a distinguere ciò che si può cambiare da ciò che è immutabile.

Che i pericoli ci sono, ma che essendo parte dell'ambiente vanno compresi e tradotti. Non resi totem a quali inchinarsi inchiodati dal terrore.

Abbiamo perso coda e peli perché non servivano, ma è un po' presto per pensare di poter perdere *in toto* l'istinto pauroso.

Quindi, qualche ragionamento e distinzione tra paure e paure va compiuta.

Io non sono uno psicologo e nemmeno un sociologo, quindi affronto la questione con lo stesso stato d'animo con cui la trattano milioni di persone ogni giorno.

Senza una preparazione accademica o senza entrare nel campo della patologia[1].

Tra l'altro i miei libri, e questo non fa eccezione, sono sempre, evidentemente, dei libri "parlati", come dice spesso Maurizio Marchiori, un mio mentore un po' particolare e fuori dagli schemi.

Come se fossero degli incontri.

Infatti, ciò che leggerete è il risultato di esperienze, discussioni, litigi, letture con colleghi, amici, psicologi, manager, imprenditori, medici, religiosi, atei e povera gente.

Insomma ho rotto le scatole ad una sacco di gente che ringrazio sin d'ora per la pazienza.

Ciò che leggerete è soprattutto frutto di controprove.

Nel senso che i suggerimenti che troverete sono sempre stati sottoposti al vaglio della prova sul campo.

Non suggerirei mai niente, né nei miei libri, né durante i miei seminari, che non fosse stato testato da me in pratica; e questa, per quanto esile, è l'unica garanzia che posso dare.

[1] Se avete l'impressione che le vostre paure stiano uscendo dai normali limiti e stiano intaccando il vostro stato di salute, è senz'altro consigliabile (come non mancherebbe di ricordarvi un qualsiasi formatore d'oltreoceano) che vi rivolgiate al vostro medico di fiducia.

L'ambito a cui mi rifarò è principalmente quello professionale e comunque quello relativo ai progetti di sviluppo personale che ho affrontato con il mio primo libro *La grande differenza.*

È in questi ambiti infatti che alligna e prospera il virus paralizzante del timore e del panico.

La paura infatti è il frutto della nostra capacità o incapacità di affrontare un pericolo, vero o presunto. Più ci riconosciamo inefficaci nel gestire la situazione, e più cresce la paura.

La paura crescendo alimenta la nostra sensazione d'inefficacia e impotenza.

Un circolo vizioso il cui esito finale è la stasi totale. L'inazione definitiva.

Quando abbiamo paura di qualcosa, di solito poi la fuggiamo.

La paura dunque allontana, ma il risultato è dopo la paura.

Allontanandoci da lei ci allontaniamo anche dall'obiettivo, qualunque esso sia.

Le paure sono grandi e piccole.

Tutte però rappresentano un ostacolo, una barriera tra noi e quello che vorremmo fare, essere, divenire.

Sono tutti i "ma", "se poi", "pensandoci bene", "però" e via dubitando che bloccano i cambiamenti buoni o cattivi.

Senza contare che rimanere bloccati di fronte ad una decisione, e non decidere, è di per sé una decisione.

La decisione di rimanere nello stato in cui siamo.

Durante alcuni incontri con ragazzi delle medie superiori e dell'università sono rimasto colpito da quanto precoce sia questo comportamento ai nostri giorni.

Nessuno se la sente di propria iniziativa di dare dei consigli a questi ragazzi, la responsabilità è in effetti enorme, d'altro canto sempre più raramente essi trovano supporti e appigli nelle tre istituzioni che dovrebbero indirizzarli. La famiglia, la scuola, la televisione.

Le prime due schiacciate dalla invadenza commerciale della terza e da un certo calo degli investimenti emotivi e finanziari.

Il risultato è una stasi decisionale senza precedenti.

L'incapacità d'investire tempo ed energie per individuare futuri plausibili verso cui dirigersi e verso cui dirigere l'apprendimento e l'approfondimento.

Un percorrere solo vie già percorse, teoricamente sicure, teoricamente senza rischi.

Con un unico errore concettuale.

Quelle strade sono state tracciate nel passato per portare a destinazioni che ora non ci sono più.

Se da una parte la paura è benefica e ci trasmette un senso di prudenza, dall'altro lato non ci dice cosa fare. E, come vedremo, oggi la seconda parte è molto più importante della prima.

D'altro canto lo dice la scrittrice bolognese Marta Franceschini: «È la paura che governa il mondo. È il primo motore, la sola causa a cui si giunge da qualunque parte abbia inizio la ricerca. La paura rende cattivi, e genera tutte le peggiori qualità umane e canine»[1].

La ritroviamo sempre. Anche se la paura raramente aiuta ad agire in modo intelligente e strategico in quest'epoca.

D'altro canto parlare di paura in questi tempi non è strano.

Ogni qual volta il mondo si è trovato a tu per tu con l'ansia di un pericolo, comincia a discorrerne in modo ossessivo.

Ad approfondire, quasi a volersene vaccinare.

Ricordate i film degli anni '60 sugli extraterrestri si preparavano le prime missioni spaziali?

O le pellicole sulle spie e 007 in epoca di guerra fredda?

Gli ultimi anni sono stati caratterizzati dalla paura del terrorismo internazionale e della criminalità diffusa, e le pubblicazioni si sono sprecate.

Come ho sentito saggiamente dire a un veterano della guerra di Corea, è "il panico il virus che si diffonde più in fretta, altro che raffreddore o influenza!".

Interessante, e segnale dei tempi, è il libro *The gift of fear*[2] di Gavin De Becker, un signore americano esperto in questioni relative alla sicurezza personale, chiamato come consulente in importanti processi come quello contro O.J. Simpson per l'omicidio della moglie Nicole.

Non si trova tradotto in italiano, ma è una lettura interessante nella quale si passano in rassegna tutte le situazioni potenzialmente perico-

[1] Marta Franceschini, *La discesa della paura*, Edizioni Sellerio, 2000.

[2] Gavin De Becker, *The gift of fear*, Dell Book, 1998.

lose per la nostra incolumità fisica, richiamando in ultima analisi la funzione positiva della paura combinata con il nostro istinto per tenerci lontano dai rischi.

Interessante perché mostra una certa assuefazione al pericolo e all'incertezza, e dimostra come la capacità di adattamento ai cambiamenti ambientali sia un patrimonio tipicamente umano.

Questo mi rilassa da un lato, mentre mi turba sapere che ci si può abituare anche ad aspetti così deteriorati della nostra società.

Ma tant'è, a me interessa il beneficiario di queste ansie.

Il soggetto che si trova a patirle.

Quindi me stesso e, senza presunzione, direi anche il mio prossimo.

Ansia e stress sono il contorno del piatto forte rappresentato dalla paura. Secondo alcuni ricercatori americani, che hanno pubblicato uno studio in proposito sulla rivista *Science*, potrebbe essere colpa di un gene che contribuirebbe a rendere la persona particolarmente incline all'ansia e al panico.

Nonostante queste scoperte, lo stesso scienziato[1] che ha guidato il lavoro ha ammesso non esistere un unico fattore che determina la predisposizione all'ansia. E tra questi fattori, l'ambiente e altri elementi genetici hanno un ruolo.

Mah... L'elemento genetico non è oggetto di discussione in queste pagine.

Ognuno ha il suo zaino di Dna e con quello, per quanto mi riguarda, deve convivere.

L'ambiente è un altro fattore esogeno, cioè esterno rispetto a se stessi. Lo esamineremo solo per dare dei dati di fatto.

Per fare il punto della situazione e comprendere come alcune condizioni influenzino il nostro modo di sentire ma non con l'intento di cambiarle.

L'impossibilità di conoscere le singole realtà renderebbe presuntuosa, ma soprattutto impossibile, la pretesa di mutare situazioni di fatto.

[1] Daniel Weinberger, neurologo e psichiatra alla George Washington University, School of Medicine di Washington.

Molto meglio concentrarsi quindi su quanto noi possiamo cambiare, una volta che abbiamo letto ed interpretato in modo adeguato la realtà circostante.

Riportare a dimensione maneggiabili gran parte delle quotidiane angosce che soprattutto nel mondo del lavoro ci opprimono e sconfortano.

Perché le energie che abbiamo servono ad altro.

E non è sensato sprecarle per cacciare dei fantasmi a volte creati da noi stessi, a volte creati da altri con intenzioni manipolatorie.

È difficile fare un elenco aggiornato delle paure, le più diffuse, anche se si tratta di una approssimazione: ad esempio la paura della malattia e della vecchiaia, della criminalità, la paura degli effetti di uno sviluppo tecnologico così veloce, la paura delle cadute delle barriere politiche e ideologiche mondiali, la paura di non avere un lavoro, la paura di poterlo perdere ma anche la paura di doverlo per forza accettare, la paura di uscire, la paura verso chi è diverso, la paura di rimanere soli, la paura originata dalle misure di sicurezza pubblica derivate dalla situazione internazionale, la paura delle catastrofi nucleari o ecologiche, dei mutamenti climatici, dell'inquinamento del pianeta attraverso le scorie tossiche, i rifiuti e le onde elettromagnetiche.

Giorno dopo giorno sentiamo il morso della competitività globale che in un baleno ci rende obsoleti pezzi da cambiare e che trasforma i giovani in imprenditori precari ed involontari di se stessi.

Ogni giorno vediamo vecchi abbandonati lungo le corsie di ospizi e case di cura, più o meno adeguate, e ci chiediamo chi si prenderà cura di noi genitori di figli unici destinati a girare il mondo per trovare le loro opportunità.

Quotidianamente apriamo il giornale per scoprire che qualche vicino di casa ha avuto visite sgradite e pensiamo a quando toccherà a noi.

E anche quel signore con lo zaino che sta entrando nel metrò con noi non ci lascia tranquilli.

Perché non dovrebbe capitare a me?

Ma anche paure meno drammatiche.

Il timore di dover lasciare i privilegi che ci rendevano più piacevole l'esistenza.

Piccoli o grandi che siano.

Molti di noi si accorgono di doverli lentamente abbandonare. Come fosse cambiare l'auto ogni due anni o comprare un cd ogni due settimane.

C'è chi non riesce a farsi bastare la pensione o a mandare a studiare i figli.

In azienda, o comunque nell'ambiente lavorativo, le paure assumono forme più subdole ma non per questo meno soffocanti.

La paura di un demansionamento e di perdere la propria posizione, di non fare carriera, di essere trasferiti, di lavorare con colleghi antipatici e non collaborativi, di risultare poco produttivi, pigri, noiosi, vecchi agli occhi dei superiori.

Certo è che la pubblica informazione, i mass media, le organizzazioni produttive private e gli organi statali hanno un ruolo importante nel veicolare queste paure, indirizzarle e fornire chiavi di lettura.

Soprattutto a fornirci un possibile scambio: comportamento contro sicurezza.

Qualcosa del genere:

- se hai paura, il motivo è questo;
- adesso che te l'ho detto, comportati così;
- ti sembrerà di essere limitato, ma ne vale la pena visto che ti sentirai sicuro.

Quello che mi domanderò spesso in queste pagine è se sia sempre sensato e proficuo per l'individuo accettare questa lettura dei fatti e ancora di più se sia intelligente accettare lo scambio.

Mi chiederò se sia una buona cosa permeare di paura il luogo di lavoro e se non ci siano invece più costi che benefici.

Quanto la paura incida sul nostro destino in modo spesso illogico e fuorviante, è evidente da sempre; quanto sia peggiorata la situazione negli ultimi anni è oggetto di discussione.

Immaginazione o realtà?

Incubo collettivo o trovata dei mass media?

Cos'è esattamente la paura?

Da dove viene la paura e a cosa serve?

Come si esprime sul luogo di lavoro?

Chi ci guadagna e chi ci perde?

Come si traduce e come si vince?
Di cosa c'è davvero da aver paura?
Cosa si deve cambiare per affrontare il futuro più serenamente?
Come trasformare questa emozione in una spinta vitale positiva?
Obiettivo di questo libro è inquadrare e aiutare a razionalizzare una situazione che, per molti versi, è scappata di mano, e individuare almeno alcune risposte a queste domande.
Potrebbe essere che affidarsi a qualcun altro per interpretare il nuovo mondo che abbiamo di fronte non sia la strategia migliore.
Potrebbe essere, dico.
Lo vedremo in seguito ma, soprattutto, sarete ovviamente voi a giudicare.
Io ho pensato questo libro per quelle persone che ritengono di avere una possibilità.
Per quegli individui che non accettano la parte dell'agnello sacrificale e che considerano un privilegio essere a questo mondo.
Per quelli che pensano che esserci o non esserci faccia una grande differenza.
E per quelli che conoscono la responsabilità che ci si prende solo per il fatto di accettare di esistere.
Verso sé, gli altri e verso il mondo di oggi e di domani.
Ognuno ha il suo pezzo di storia da scrivere, grande o piccolo.
Farlo con coscienza e consapevolezza della nostra umanità permetterà di lasciare qualcosa di buono.
Farlo in preda ai dubbi, alle angosce e ai rimpianti lascerà nel migliore dei casi solo un segno nell'acqua.
Fate quello che serve.

Buona lettura, con poche paure.

1. Un'occhiata serena alla paura

Reagire fa parte della vita. Si fa con una tempesta, con un imprevisto, per vincere la paura, per non restare in balia degli eventi. La paura più grande è il sospetto di aver sbagliato tutto. Ce la prendiamo con il destino, oppure temiamo che l'impresa sia superiore alle nostre forze... C'è un uomo avventuroso che si nasconde dentro di noi e ostinatamente ci chiama. È quella parte che non si vuole arrendere.

Ambrogio Fogar[1]

Mi è sempre piaciuto tentare di capire la paura.

Quando riguardo le mie foto da bambino a volte mi ritrovo a commuovermi quasi senza motivo.

In effetti, a pensarci, un motivo c'è.

Tra quelle sfumature in bianco e nero, tra quelle foglie secche del viale, mentre cammino da solo con il mio libro del catechismo in mano e il berretto con il bottoncino sopra, come si usava negli anni '70, sotto quella giacca di terital e sotto il dolcevita acrilico rivedo tutte le paure e le ansie con cui quotidianamente facevo i conti.

Ero mingherlino, esile, non dicevo mai parolacce, avevo un esagerato rispetto e timore verso chiunque e pensavo che se non mi fossi comportato bene il mio mondo sarebbe scomparso.

Distrutto dai miei peccati e condannato a una vita giocata in difesa, guardata ad occhi bassi in bianco e nero, senza picchi né valli, tormentata da un perenne e sommesso tremito.

È da quei momenti che ho iniziato a chiedermi perché avessi tanta paura.

E da tutta quella paura patita è nata la curiosità che qui tento di appagare.

Torniamo a noi.

La paura identifica stati di diversa intensità emotiva.

[1] Da Ambrogio Fogar, *Contro vento*, Rizzoli, 2005.

Timore, apprensione, angoscia, l'agitazione, l'esitazione e anche ansia, terrore, fobia e il panico o la semplice preoccupazione sono variazioni più o meno profonde dello stesso sentimento.

È evidente che se la paura esiste come sentimento, una qualche utilità la dovrà pur avere.

Come tutti i comportamenti involontari, e la paura fino ad un certo punto è sicuramente involontaria, esiste una motivazione, una ragion d'essere, in genere benefica, rivolta alla permanenza in vita del singolo e della sua discendenza.

Studi interessanti hanno mostrato come le fobie per esempio, si sviluppino più facilmente con riferimento a situazioni o animali che nel passato arcaico della nostra specie rappresentavano un pericolo.

Ragni, serpenti, baratri sono esempi conosciuti.

Se la paura appare, significa che da qualche parte c'era, c'è o ci sarà un pericolo.

Se c'è un pericolo, la nostra salute fisica o mentale è a repentaglio.

Quindi, quando avete paura, *estote parati*, "siate pronti", come dice l'evangelista Luca.

Pronti a reagire.

Ad inventare un piano di attacco o uno di fuga.

A volte pronti a rimanere paralizzati.

Infatti da un punto di vista fisico, a seconda che si tratti di paura intesa come il panico o invece più simile all'ansia, assistiamo – nel primo caso – a un calo sia della pressione che della temperatura corporea, all'abbassamento del battito cardiaco e del tono muscolare e, particolare non esaltante... iniziamo a sudare abbondantemente.

Risultato, appunto, è la paralisi.

In effetti alcuni animali in pericolo si fingono morti.

Ma non credo con questo trucco inganneresti il vostro capoufficio.

Nel secondo caso invece si attiva il sistema nervoso simpatico, per cui si rizzano i peli, affluisce maggior sangue alla muscolatura e accelera il battito cardiaco.

Risultato: pronti, come si diceva, per l'attacco oppure per la fuga.

Queste reazioni e le relative modificazioni fisiologiche mirano, come detto, alla conservazione e alla sopravvivenza dell'individuo e in genere della specie.

Non che siano molto originali come reazioni, ma quando lasciamo fare al nostro istinto realizziamo risposte standard e sacrifichiamo la varietà delle risposte alla velocità.

A volte ne vale la pena.

Da un punto di vista squisitamente fisiologico le reazioni collegate alla paura, come quelle collegate ad altri sentimenti, trovano il loro centro nevralgico nell'amigdala.

Se voglio iniziare a dimostrarvi che gran parte delle paure si possono maneggiare devo anche mostrarvi come tutto sommato siamo un complesso e stupefacente ammasso di atomi, elettricità e ormoni.

Ma proprio per questo meno misterioso di quel che sembra.

Quindi dedico qualche riga all'**amigdala**, visto che essa è un centro del sistema limbico del cervello[1].

"Amigdala" deriva dal greco e significa mandorla.

È una parte del cervello che somiglia proprio ad una mandorla, e si trova sopra il tronco cerebrale, prossima alla parte inferiore del sistema limbico.

Il sistema limbico è il centro regolatore del sistema endocrino, vegetativo e psichico, è detto anche "cervello emozionale".

Queste aree sono le zone più antiche, primitive del nostro cervello e tale sistema legge e traduce gli stimoli in entrata e uscita dal corpo.

Tanto per rimanere semplici, diremo che senza amigdala diveniamo incapaci di valutare ed associare un contenuto emozionale a ciò che ci succede.

C'è chi ha purtroppo provato ad asportarla dal cervello degli animali: quello che succede è che sprofondano in un disinteresse dal quale non si riesce più a smuoverli.

Non competono più per il cibo, né si arrabbiano, ma nemmeno provano gioia nel giocare o incontrare gli affetti.

Insomma senza amigdala la nostra vita non ha più un senso emotivo.

Per converso, visto che per fortuna nessuno ce la vuole asportare, tutti i sentimenti dipendono da essa.

[1] Impossibile, fuori luogo e fuori dalle mie competenze approfondire in modo esaustivo il funzionamento del cervello. Queste spiegazioni sono però utili a comprendere la natura originaria di alcuni comportamenti, e non potevamo eluderle senza sembrare approssimativi. Per una spiegazione approfondita vi rimando ai testi di neurologia o di medicina generale.

L'amigdala si pone davanti ad ogni evento come un filtro che decide se questa è una situazione, una persona, una cosa che amo, odio, mi è simpatica, mi fa paura, e così via.

Quando c'è qualcosa che all'amigdala non va, si scatena un fenomeno tipo quello che scatenerebbe un ladro scoperto di notte dentro a una banca.

Tutte le parti del cervello vengono allertate e attraverso stimoli elettrici vengono stimolate le secrezioni di ormoni che provocano le modificazioni corporee che abbiamo letto sopra.

Contemporaneamente, vengono richiamate tutte le informazioni accumulate dalla nostra memoria che possono servire ad inquadrare correttamente, dal punto di vista emotivo, la situazione di pericolo con cui ci dobbiamo confrontare.

L'analisi è però di tipo associativo.

Quindi, ad esempio, se avete avuto una brutta esperienza con l'esame di matematica, ogni volta che vi troverete al cospetto di una difficoltà di tipo matematico è probabile che la vostra amigdala farà le sue brutte associazioni. Purtroppo senza procedere ad ulteriori approfondimenti.

Quello che succede è che in situazione percepite come pericolose scattino connessioni a ricordi ed emozioni passate e remote, molto spesso imprecise e frammentarie.

Ma peggio ancora è che le reazioni sono coerenti con queste connessioni.

Quindi fuga o attacco. Ira o panico.

Sono altre le aree del cervello che si propongono di elaborare risposte più complesse e meditate agli stimoli.

Sono strutture, almeno secondo gli studi, localizzate nei lobi prefrontali e frontali in un'area della neocorteccia, che si prestano a mediare la reazione piuttosto primitiva e grezza dell'amigdala.

Queste aree decodificano e regolano le emozioni, a modularle tenendo conto di tutto ciò che sappiamo.

Visto che siamo usciti dai boschi da qualche migliaio d'anni e la tigre dai denti a sciabola si è estinta e non dobbiamo continuamente decidere entro pochi decimi di secondo sul da farsi, è doveroso almeno ipotizzare anche altri modelli comportamentali[1].

E questo è un primo punto da tenere presente.

Pur essendo utile, il sentimento della paura non dà utili indicazioni su quale sia la migliore reazione. Al contrario, più il timore è alto, più perdiamo capacità di valutazione.

Sembrerebbe molto semplice ipotizzare che le aree neocorticali siano quindi le salvatrici.

Dovremmo reagire come animali, fuggendo o attaccando, mentre questo cervello moderno ci fa ragionare.

Purtroppo non è così, o non sempre, e la complessità sociale, la rincorsa che ha preso il mondo, la velocità degli scambi, la densità delle informazioni hanno creato una varietà di possibili disfunzioni a questi meccanismi.

Ecco paure infondate che diventano ansie e fobie, e paure fondatissime che sono irrilevanti.

Gente che in azienda ha paura di chiedere un aumento o di parlare durante un meeting ma che non teme di buttare giù cocktail di vodka e anfetamine tutto il sabato notte e poi guidare con lo stereo a palla fino a quando un platano severo ed immobile li ferma.

Poi, quelli che vanno nello Yemen in cerca di brividi da rapimento, fenomeno che rappresenta una percentuale irrisoria rispetto al totale dei viaggiatori, per compensare e combattere le angosce di ogni giorno.

O ancora quelli che si buttano nel precipizio con degli elastici alle caviglie o camminano sui carboni ardenti (l'ho fatto perfino io), e poi non dormono la notte perché il nuovo listino prezzi della merce che devono vendere è troppo alto (anche questo l'ho fatto perfino io).

Il metodo applicato è quello di controllare un pericolo calcolato per provare meno paura rispetto ad altri pericoli.

Questo sistema a volte funziona, ma spesso no.

[1] A meno che non indossiate un completo di Gucci, un Baume-Mercier al polso e stiate parcheggiando la vostra Bmw serie 7 in un disperato barrio di Caracas alle 3 di notte e in quel mentre vi accorgiate che avete sbagliato indirizzo e diverse persone cominciano ad osservarvi e darsi di gomito. In questi casi ascoltate l'amigdala.

Insomma, è complesso parlare di paura, la paura ha tante facce quante le facce degli uomini, e qui ci proponiamo di fare un po' di ordine anche se poi ognuno dovrà lavorare sulla sua di paura.

Da un punto di vista sociale la paura svolge la funzione di avvertire gli altri individui che esiste un pericolo.

Di conseguenza, al consesso sociale appare naturale prestare ascolto alle le richieste di aiuto ed eventualmente concedere il soccorso richiesto.

Di come reagiscono gli altri alle nostre paure parleremo più avanti.

Se la paura viene estremizzata e resa eccessivamente intensa, diventando quindi ansia, fobia o panico, perde la funzione fondamentale e si converte in sintomo psicopatologico.

Potremmo dire che la paura, quando oltrepassa un certo limite, diventa preoccupazione e degenera poi in ansia e angoscia.

Queste due sono paure anticipate in cui l'evento o l'oggetto non si è ancora verificato o presentato. Le angosce mostrano addirittura aspetti fisici.

Certo, esistono paure innate come quella del dolore fisico, o delle situazioni che mettono a rischio la propria incolumità.

Ad esempio un burrone o l'acqua profonda.

La paura degli sconosciuti o delle situazioni ignote.

Ma la stragrande maggioranza delle paure dei nostri tempi sono di altra natura.

Sono le paure apprese.

Che derivano da esperienze in prima persona che si sono mostrate dolorose e difficili.

Che creano un condizionamento, il quale trasforma una situazione, magari non di per se stessa paurosa, nella scintilla che scatena il terrore e l'ansia.

Ecco perché ci sogniamo ancora degli esami e ci svegliamo sudati e affranti.

A prescindere dalla sua funzione, va anche detto che la paura si srotola in diversi gradi.

Non esistono solo situazioni di paura o di non-paura, ma esistono tanti gradi intermedi.

Abbiamo parlato di ansia e angoscia, ma anche panico e terrore, e non ultimo lo spavento, sono modalità della paura[1].

L'esame di scuola fa paura sin dall'inizio, così come il colloquio di assunzione, ma mano a mano che si avvicina la data fatidica il livello di paura sale.

Il controllo e la gestione avvengono fino a che la paura rimane entro dei confini, soggettivi magari, ma accettabili. Dopo di quei limiti diventa un vero problema.

Ma prima di passare alle conseguenze e ipotizzare rimedi, mi piace provare ad esaminare le facce della paura con un approccio meno convenzionale rispetto a quello fisiologico.

Un approccio più, diciamo, umano, che ci conduca ad alcuni condizionamenti "sentimentali" che scatenano la paura e che ho trovato spesso in autori che si ispirano ai mistici indiani.

- Il primo è il senso di vergogna.
- Il secondo è quel sentimento che deriva dagli shock emotivi che subiamo.
- Il terzo è la cicatrice lasciata dagli episodi in cui si è stati abbandonati.

La vergogna consiste in un sensazione d'inadeguatezza del nostro essere e in un conseguente calo di fiducia nelle nostre capacità.

Frutto di tutti i rifiuti e le violenze grandi o piccole che tutti subiamo, la vergogna è spesso compensata con comportamenti che tendono a coprire in modo artificioso e forzato le debolezze, oppure accettata con tutto il suo carico di umiliazione.

La vergogna lascia il segno, e il timore e l'ansia perenni sono, in un caso o nell'altro, il risultato deleterio di questo sentimento.

[1] Cercheremo di tenere semplificata l'analisi che faremo e mi aspetto che la paura di cui parliamo nelle prossime pagine sia intesa come tutto quel sentimento che ci fa sentire a disagio e ci mette nella incapacità di prendere decisioni che vorremmo prendere.

Non tratteremo le paure fobiche, per questo vi consiglio un testo di psichiatria o di psicologia. Mi sembra sufficiente in questo frangente riportare ciò che al riguardo dice lo psichiatra Stefano Pallanti: "Ciò che distingue le fobie dalla semplice paura è l'irrazionalità, l'incontrollabilità, la persistenza e il fatto che le fobie siano altamente limitanti tanto da generare un senso di frustrazione e di piccolo fallimento".

Nel secondo caso, tanto per comprendere cosa significa "shock", facciamo riferimento al momento della nascita.

Al passaggio dal caldo grembo materno al freddo del mondo esterno.

Immagino che tutti possano capire il senso di scuotimento che un neonato ha in questa situazione.

Sensibilità contro freddezza.

È il primo vero banco di prova.

La fucina della nostra capacità di sopravvivenza.

Ma non si tratta di una conquista gratuita.

Tutte le volte che ci ritroveremo in contesti di violenza, condanna, critica, confusione, pressione, perdite affettive o materiali ritroveremo questo shock e con esso la paura.

È evidente che in una cultura competitiva come la nostra le occasioni in cui questi contesti si rivelano sono infinite.

Parleremo della paura nell'ambiente di lavoro e non è difficile correre con il pensiero a tutte le piccole e grandi violenze che si consumano negli uffici quotidianamente.

Quello professionale è un terreno in cui facilmente attecchisce il seme della paura.

Un luogo dove di frequente le regole fondamentali della civile convivenza si dimenticano e che in molti casi, come dice Corinne Maier nel suo *Buongiorno pigrizia*, «non è certo il luogo dove albergano i nobili sentimenti del coraggio, della generosità o dell'impegno per il bene comune».

Il terzo condizionamento, l'abbandono o la privazione (che ne è la versione ridotta), affonda le radici nel periodo infantile in cui, ingenui e indifesi, siamo stati veramente abbandonati o privati di affetto, amore o cure fisiche e/o psichiche.

Senza fare psicologia spicciola, possiamo intuire che queste situazioni si verificano per tutti gli essere umani; ciononostante, ogni qualvolta nella nostra esistenza accade che veniamo respinti o lasciati, privati o menomati di abitudini e consuetudini, delusi o insoddisfatti da persone o comportamenti altrui, la paura sale attraverso un senso di vuoto e incertezza.

Incertezza che diventa disperazione.

Disperazione che accresce la solitudine.

Alla quale non sappiamo più far fronte.

E il cerchio si chiude accrescendo paura ed ansia.

Le scintille che scatenano la paura non sono merce rara.

Come appena detto, la perdita, o la minaccia della perdita, di qualcosa o qualcuno, l'abbandono, lo stress derivante da messaggi confusi, non sono detonatori meno importanti che la violenza o la critica.

Infatti gli effetti si vedono. E bene.

Incapacità di stabilire relazioni amicali.

Incapacità di stabilire relazioni affettive o sessuali.

Incapacità di dare libero sfogo alle doti creative.

Incapacità di seguire la propria strada.

Forme patologiche e disturbi di natura psicosomatica.

Ma anche, molto più semplicemente, confusione e perdita dell'orientamento rispetto agli obiettivi.

Reazioni inconsulte che spesso ci danneggiano anziché aiutarci.

Comportamenti di compensazione che si rivelano con aggressività o iperattività.

Uso di sostanze eccitanti o calmanti per affogare l'ansia.

Secondo lo scrittore e psicologo Thomas Trobe[1] le possibili compensazioni alle paure sono sostanzialmente quattro:

1. il tentativo di compiacere e di mettersi d'accordo per allentare la tensione;
2. il tentativo di controllare e di prendersi cura, in modo da esercitare potere;
3. il tentativo di combattere e ribellarsi per imporsi;
4. il tentativo di ritirarsi, in modo da sfuggire al confronto.

Se ci pensate, quando siamo in preda alla paura le nostre reazioni sono quasi sempre improntate a una o più di queste compensazioni.

Ma sono reazioni, quasi mai ragionate.

Fatte per salvare il bambino che eravamo ma che non siamo più in realtà.

[1] Krishnananda, *A tu per tu con la paura*, Edizioni Urra, 1996.

Fatte per istinto di sopravvivenza, ma potenzialmente pericolose e a volte perverse nella loro logica, ora che ci troviamo a vivere in un mondo adulto.

Soprattutto ora che vorremmo essere padroni dei nostri sentimenti e dei loro frutti.

E infatti proprio qui si situa il nocciolo della "questione paura".

La paura impedisce di fare ciò che si vuole, tanto più quanto essa cresce senza controllo e consapevolezza.

Il mio scopo è cercare controllo e consapevolezza, con tutta l'umiltà che mi è concessa e, se vorrete, spartire con voi i risultati di questa ricerca.

Jiddu Krishnamurti, un famoso mistico indiano del ventesimo secolo, ha lasciato scritti profondi su questi concetti, ma trovo che uno dei suoi passi più significativi sia questo che trascrivo di seguito, e che è tratto dalle sue *Lettere ai giovani*: «Sapete, è molto importante, quando si è giovani, vivere in un ambiente dove non alligni la paura. Andando avanti con gli anni, la maggior parte di noi diventa sempre più timorosa: abbiamo paura di vivere, paura di perdere il lavoro, paura della tradizione, paura di ciò che i vicini o il proprio coniuge diranno, paura della morte. La maggior parte di noi ha paura, in una forma o nell'altra; e dove è presente la paura, non c'è intelligenza».

Appunto.

Non c'è intelligenza.

Vi consiglio di prendervi dieci minuti per ogni domanda qui sotto e di riflettere su quanto appena letto.

1. Avete la sensazione che in alcune situazioni di pressione si riaprano delle ferite psicologiche?
2. Quali sono queste situazioni?
3. Esiste una certa ricorrenza? Qual è il filo rosso che congiunge queste situazioni?
4. Come reagite in questi frangenti?
5. Esiste una modalità tipica di comportamento che ritrovate ogni volta che siete sottoposti a queste pressioni?
6. Se sì, qual è?

Iniziare a conoscersi è il primo passo per tirare fuori il buono che c'è in questo libro.

Prendere contatto con la paura e le sensazioni ad essa correlate è fondamentale per provare e, verosimilmente, superare le limitazioni che spesso ne derivano.

Nel rispondere alle domande sopra riportate, cercate di essere benevolenti con voi stessi.

Non dovete provare nulla a nessuno mentre vi guardate dentro.

Per una volta non ci sono né aspettative né sollecitazioni dei vostri genitori, capi, carnefici o tutori.

Godetevi la tranquillità di guardarvi dentro senza pressioni di sorta.

Perché solo prendendo coscienza di quanto deboli ed esposti siamo agli stimoli esterni saremo in grado di controllarli.

Accettando prima la naturalezza di quanto proviamo potremo poi decidere di saltare fuori dalle reazioni negative al momento opportuno.

La consapevolezza della paura, la possibilità di osservarla senza negarla, sono punti di partenza per uscire dal circolo vizioso che aggiunge paura a paura.

Temiamo di perdere qualcosa, e più ci opponiamo, più accresciamo il suo potere.

Come diceva lo stesso Krishnamurti, quando cominciamo, pur sentendo l'ansia, ad osservarla, e a spostare la nostra attenzione sul soggetto che osserva, è allora che facciamo i primi passi nella direzione della libertà.

Perché ci avviamo a riconoscere i condizionamenti che ci legano alle cose e alle situazioni che sono le veri generatrici della paura.

Quelle situazioni in cui la nostra incapacità di sentirci già utili, pieni, capaci per natura, ci fa perdere di vista il centro della nostra esistenza, e ci sbilancia verso l'esterno, alla ricerca di un appiglio. Di una sicurezza, che si trasforma presto in dipendenza da *status symbol*, persone, cose, denaro, fama e così via.

Beh, meglio che almeno ce ne rendiamo conto per iniziare.

La paura è una bestia strana, come avrete capito.

È una bestia che ci somiglia parecchio.

A ognuno la sua, anche se vale la pena tenere a mente che in verità tutti, e quando dico "tutti" lo dico sul serio, abbiamo paure.

Papa Benedetto XVI ha ammesso di avere provato paura quando ha capito che lo avrebbero potuto eleggere.

«Un tale compito stava del tutto fuori di ciò che avrei mai potuto immaginare come mia vocazione» ha confidato in un suo discorso alla Curia romana nel dicembre 2005.

Il Dalai Lama fa sua la storia di un monaco di Lhasa che conobbe prima dell'occupazione cinese del Tibet. Incarcerato per 18 anni, incontrò Sua Santità che gli chiese se avesse mai avuto paura e la risposta fu che sì, c'era una cosa di cui aveva avuto paura. «Quella di perdere la compassione verso i cinesi[1]».

Come dicevo, ognuno ha la sua.

Se anche persone di questo calibro hanno dei timori, dovremmo esserne sollevati. Non siamo soli.

Serve però prenderne atto, osservarli questi timori, guardarli in faccia.

Per imparare a nutrirli solo come e quando serve.

E imparare a metterli a cuccia quando vogliamo.

Segnate le vostre riflessioni su un pezzo di carta e tenetelo tra le pagine del libro.

Lo rileggerete ancora.

Promesso.

[1] Dalai Lama - Victor Chan, *La saggezza del perdono*, Rizzoli, 2005.

2. La madre di tutte le paure: l'incertezza

...Accogliere l'incertezza significa soprattutto equipaggiare noi stessi e le nostre organizzazioni con gli strumenti appropriati e soprattutto la mentalità giusta volta alla comprensione e al confronto continuo con gli aspetti pratici e spiccioli della realtà.

Riccardo Paterni[1]

Libertà a non finire.
Almeno sembra.
Tutto sta cambiando.
Tutto sta accelerando.
Tutto sta divenendo grande, immenso, lontano.
Oppure infinitamente vicino.
Tutto si polarizza.
Ricchi ricchissimi.
Poveri poverissimi.
Belli bellissimi.
Brutti bruttissimi.
Disperati o nel nirvana.
Giungla o iper-spazio.
Play station o girarsi i pollici.
Figli geni o drogati.
E tutto gira sulla domanda: "E io dove da che parte cadrò?".

La voglia di cambiare e la paura di cambiare accompagnano da sempre le vicende umane.

Le conseguenze del cambiamento non sono mai una sola.

Sono plurime e spesso non riusciamo a identificarle in anticipo.

Il prof. Giuseppe Longo ha evidenziato bene durante un convegno su incertezza e responsabilità come «sempre più viviamo in un mondo segnato dall'artificialità, senza per questo che le nostre necessità

[1] Riccardo Paterni è l'autore della prefazione di un ottimo testo sul tema dell'incertezza: P. Clampitti, R. Dekoch, *Accogliere l'incertezza*, Guerini e Associati Editore, Milano, 2003.

"naturali", legate alla biologia e sviluppatesi nel corso dell'evoluzione, vengano meno. Questa duplice immersione rispecchia la fase di transizione in cui si trova oggi l'uomo, il quale non può che vedere il futuro con gli occhi, i parametri e i valori del passato. Siamo incerti tra progresso e conservazione, siamo combattuti tra un nomadismo avventuroso, alimentato dalla perdita delle certezze antiche, e il rimpianto di un sedentarismo improntato ai valori stabili della tradizione»[1].

Ritengo utile ripetersi in faccia che la paura ci ha sempre accompagnato ma che oggi la sentiamo molto più presente che negli ultimi quarant'anni.

Questo concetto che spesso esprimo in pubblico, quando ne ho l'occasione, suscita in genere un forte risentimento.

Una specie di rifiuto a prescindere, quasi come il sussulto di orgoglio del bambino spaventato dal buio che nega di aver mai avuto timore.

"Paura? Io?".

Intendiamoci subito, io non pretendo di avere ragione.

Io dico quello che vedo e che sento in quei circa 960 minuti di vita attiva che ogni giorno mi sono stati finora concessi.

Potrei avere degli abbagli o a disposizione un campione di umanità non rappresentativo.

Potrebbe essere solo una mia sensazione.

Rimango però dell'idea che abbiamo più paura di prima.

L'appiattimento delle strutture gerarchiche porta responsabilità diffusa, e con essa uno stress decisionale.

La convinzione che il responsabile della propria carriera professionale e del proprio benessere sia l'individuo e non più l'organizzazione che lo assume fa accapponare la pelle a molti ma dire che questa convinzione non sia sempre più accettata e diffusa equivarrebbe a negare l'evidenza.

La ricerca di qualità e di efficienza sono attività ormai di routine che però implicano competizione, e quest'ultima si basa su agonismo che credevamo eccezionale ma che invece diventa costante.

[1] Giuseppe O. Longo è docente ordinario di Teoria dell'informazione all'Università di Trieste.

Le aziende e la loro riorganizzazione sono un fenomeno a cui non eravamo abituati.

Lo sviluppo e la diffusione dell'informatica sommergono i singoli con quantità di informazioni e dati difficili da maneggiare. Richiede loro di mettere delle priorità. E anche questo genera stress da decisione.

"Farò bene, farò male?".

"Il mio capo che dirà?".

L'incertezza è diventata una compagna di viaggio.

Mentre nel passato il sistema aiutava a ridurla attraverso regole ed istituzioni rigide, oggi un idolatrato, e forse mal concepito, liberismo lascia a ogni individuo la responsabilità della gestione dell'incertezza.

La scomparsa di autorità e responsabili visibili cancella la possibilità di passare la palla della decisione a qualcuno altro.

Mentre nel passato esisteva il timore della devianza, oggi esiste la paura della inadeguatezza, come riconosce anche Zigmunt Bauman[1].

Essere inadeguati al giorno d'oggi significa non saper usare le ultime novità tecnologiche, o non sapere parlare in pubblico.

Non avere lo charme dei modelli della pubblicità o il fisico delle veline.

I soldi di un campione di calcio o il fascino di un cantante su Mtv.

Ma anche non essere capaci di cambiare lavoro e città continuamente, o di mantenere alti livelli energetici.

Essere in grado di cambiare pelle e cervello alla stessa velocità con cui cambia internet.

Insomma, essere inadeguati significa non sapere divenire uno Zelig o un Fregoli[2] autonomo e indipendente capace di trasformarsi nel meglio richiesto dal momento.

Un bello stress.

Sì, perché conseguenza brutale dell'essere liberi, liberissimi, è che in queste nuove situazioni ce la possiamo solo prendere con noi stessi.

[1] Zigmunt Bauman, *La società dell'incertezza*, Il Mulino, 1999.

[2] Leopoldo Fregoli (Roma 1867 - Viareggio 1936) fu attore. Divenne famosissimo per la varietà dei suoi travestimenti e per la velocità con cui si trasformava.

E visto che non siamo tutti leoni, l'inadeguatezza si trasforma in un enorme macigno che genera indecisione.

Che genera incertezza.

Farò bene?

Faro male?

Sarà un successo?

Sarà un disastro.

Abbiamo ricevuto un'apparente enorme dose libertà proprio quando gestirla è diventato complicatissimo.

Una specie di scherzo cosmico, di presa per i fondelli universale.

Bene, questo capitolo ha la pretesa di convincervi che accettare un mondo incerto ha numerosi vantaggi.

Io credo di saperlo abbastanza bene ma, ovviamente, non ne sono... certo.

Partiamo da un assunto fondamentale.

Pochissime delle persone che pretendono di sapere molto circa un argomento ne sanno veramente abbastanza.

Può essere che ne siano convinte oppure che ne siano consapevoli e tentino di convincere il prossimo ma rimane il fatto che si sa sempre molto meno di quello che il mondo, il mercato, la vita d'oggi richiederebbe.

Se questo assunto, come presumo, è vero, c'è da pensare che molti dei grandi fallimenti ambientali, economici, personali, sociali della nostra epoca siano collegati a responsabilità individuali legate a un eccesso di fiducia nelle proprie capacità.

Chernobyl, Exxon Valdez, Parmalat, Enron, Bhopal, il Vajont, il disastro dello Shuttle Challenger, per non parlare di alcuni conflitti come quello in Iraq e in Cecenia o di rivolte sociali come ad esempio i disordini delle Banlieuse francesi o il massacro di piazza Tienanmen.

Ognuno può fare una rapida analisi della sua vita e divertirsi a scoprire quanti insuccessi siano stati frutto della supposizione di avere tutte le informazioni necessarie.

Avete mai visto quanta sicurezza, certezza del non poter sbagliare, arroganza, traspare da alcuni portavoce aziendali, medici, politici e militari?

Una condanna ad essere sicuri di ciò che si predirà.

D'altro canto alcuni di loro lo devono fare per contratto.

Chi pagherebbe un milione di euro l'anno un manager che ammettesse che a volte nemmeno lui sa uscire dall'impasse?

Chi eleggerebbe un politico che dichiarasse che aumentare il budget per la sanità senza toccare le tasse o tagliare altre spese è un rompicapo che nemmeno Einstein potrebbe risolvere?

Chi mi spiega come si fa a promettere di favorire la delocalizzazione delle imprese e aumentare la capacità di acquisto di chi nei Paesi da cui se ne vanno le imprese ci deve rimanere e non è il proprietario delle aziende stesse?

Chi andrebbe a morire per un generale che riconoscesse che forse poi il nemico non sta poi combattendo per una causa sbagliata ma solo diversa?

Però sovrastimare le proprie capacità non è una grande tattica né tanto meno una buona strategia.

Questi disastri enormi, appena menzionati, sono davvero il frutto di una esagerata sicurezza delle proprie abilità di pochi individui e hanno segnato la vita di tanta povera gente.

Ecco, riguadagnare il senso dell'incertezza, quindi il senso della nostra fallibilità, è un antidoto al senso di onnipotenza a cui tanti si abbandonano e che non va confuso con la giusta dose di fiducia in sé stessi che tanto serve.

La giusta dose è quella che nasce dal chiedersi onestamente se le cose stanno poi come ci diciamo.

Ognuno è il proprio confessore e il proprio consigliere.

Non riuscirete a fregarvi se sarete onesti.

A questo ci pensano già molti che vi parlano dagli schermi o da alcuni giornali o libri.

Non cadeteci.

Questo mondo cambia pelle come un camaleonte e porsi in discussione è utile per rimanere sintonizzati con il presente.

Certo, questo significa anche dire “non lo so”.

O almeno “non so ancora”.

Ma ammettiamolo, potere dire “non lo so” ha un potere liberatorio e permette finalmente di uscire dal circolo vizioso del dover rimanere all'interno di schemi precostituiti.

Facciamo l'esempio della perdita del lavoro.

Potersi dire che non si sa che pesci pigliare senza necessariamente raccontarsi frottole circa la propria certezza che in pochi giorni riavremo un lavoro nello stesso settore e consono alle nostre competenze consente di evitare subito la trappola dell'attesa improduttiva.

È una situazione che ho visto molte volte.

La necessità di apparire ai propri ed altrui occhi come la persona che sa e che non può fallire ci spinge nell'angolo della supponenza e dell'arroganza, anche se simulata.

Intanto aspettiamo.

Aspettiamo.

E aspetteremo un bel po'.

Ho visto persone aspettare anni quando con facilità avrebbero potuto darsi una pacca sulla spalla e uscire dalla gabbia che si erano costruiti.

È "il movimento dalla certezza all'incertezza" diceva il già citato Jiddu Krishnamurti, "è ciò che chiamo paura".

Per questo, quando si accetta l'incertezza, l'eventualità che niente sia sicuro, si iniziano ad accendere possibilità.

Diverse.

Bizzarre.

Di altri.

Nostre.

Ma si esce dalla monotonia delle soluzioni lineari, scontate, normali, che non sono più vere soluzioni bensì palliativi buoni per calmare l'ansia e la frustrazione di non avere anticipato il cambiamento.

Il cambiamento è permanente.

Saltiamoci in groppa.

Dite anche voi ai vostri collaboratori e dipendenti, amici o familiari, che non sapete come fare.

Anzi: chiedete loro come farebbero.

Anche se finora avete sempre avuto ragione voi.

Ciò che è stato non è necessariamente ciò che sarà.

Il successo incassato precedentemente spesso porta una paralisi mentale.

"Non può andare male".

Più o meno come deve avere pensato l'Italia di calcio del '66 battuta ai mondiali dalla Corea del Nord.

Come i Russi quando dovettero andarsene dall'Afghanistan o gli Americani dal Vietnam.

Batista prima di essere cacciato da Castro, Ceausescu al suo processo e poco prima di venire fucilato, e Pablo Escobar quando cadde sotto i colpi della polizia colombiana.

O Ben Johnson dopo l'analisi anti-doping.

Non poteva andare male.

Non c'era bisogno di pensare che poteva andare diversamente.

Quindi andava bene fare come al solito.

Nessuna nuova competenza da apprendere, nessun comportamento diverso da imparare.

E invece voi potete schivare qualche dolore.

Si apriranno spiragli nuovi ed imprevedibili e sarete ben disposti a conoscere cose nuove.

Avrete sconfitto la necessità di decidere immediatamente e senza riflettere.

Avrete il tempo per ragionarci sopra con uno spirito più aperto e possibilista.

Tornando all'esempio della perdita del lavoro, potreste finalmente prendere in considerazione di aprire un bar su una spiaggia di Santo Domingo o una rivendita di patate fritte se smettete di dirvi che in fin dei conti siete certi che per un laureato con il massimo dei voti come voi la giusta collocazione sia per forza nell'ufficio marketing di una grande azienda.

E magari vi troverete ad avviare la software house che sostituirà il sistema operativo di Bill Gates.

Non è per nulla sicuro battere il sentiero che sembra sicuro.

Nemmeno quello. Non più.

La velocità richiesta dai tempi ha fatto passare in secondo piano la capacità di giudicare una situazione serenamente, attendendo di raccogliere tutti i dati necessari, e ha portato a prevalere la/a favore della possibilità di incasellare persone e fatti in griglie pre-confezionate dove il pregiudizio e il conformismo la fanno da padroni.

Ma il fatto che tutti lo facciano è di per sé utile e buono?

Non sembra.

Tornando alla mia esperienza professionale, ad esempio, ho sempre notato che coloro che si adeguano e si appiattiscono su posizioni prevalenti vengono sempre premiati in modo minore anche se si tenderebbe a pensare il contrario.

Forse quando la civiltà era contadina e richiedeva una compattezza estrema per fare fronte alla dura vita agreste questo atteggiamento premiava.

Ma ora, quando la creatività è risorsa scarsa, allinearsi acriticamente è perdente.

Perché l'allineamento non porta novità e quindi non risolve le situazioni caotiche sopraggiunte.

Casomai le complica.

L'accettazione dell'incertezza porta con sé anche l'apertura al bisogno di continuare ad imparare.

La sicurezza no.

Quando si è sicuri si smette di studiare.

Di apprendere.

Il sistema prevedeva questo.

Studia!

Fino a 25 anni circa.

Poi ti sistemi.

A quel punto puoi star tranquillo.

Avrai il tuo posto e nessuno te lo toccherà.

Succedeva così un po' dappertutto.

In azienda, in famiglia, con gli amici, con il partner, con i figli.

In un mondo chiuso tra confini geografici, tecnologici, culturali, razziali e sociali, che lo rendevano tutto sommato poco più grande del cortile di casa.

Poi tutto si apre.

Ed eccoci qui, a dovere tornare sui banchi di scuola.

Ma lo farà solo chi ammetterà la propria inadeguatezza con un po' di letizia.

E avrà finalmente la possibilità di trovare la chiave per entrare in nuovi mondi.

Certo, imparare significa preferire la confusione all'ordine, almeno per un periodo. Significa rimanere aperti ed elastici, pronti a cambiare le proprie idee e credenze.

Preferire un mondo certo, ammesso che ancora ci sia – e io non credo proprio –, vuole dire ridurre e sovrapporre, semplificare la varietà di input, e per definizione minimizzare le vie d'uscita e chiudersi porte.

Voglio aggiungere una nota importante circa il lavoro che potrebbe suonare cinica ma che cinica non è.

Le aziende di questa epoca non possono più garantirvi nulla.

Sappiatelo e fateci i conti.

A volte per fame di profitti, a volte invece solo per garantirsi la giusta sopravvivenza. Ma domani potreste sentirvi dire che, pur ringraziandovi per i dieci anni passati a collaborare, siete sulla lista delle eccedenze.

Ognuno ha il suo bilancio da far quadrare.

Così avrete pochi mesi per re-inventarvi un futuro.

Questo non succede nella famiglia di solito.

Ed è importante distinguere.

La famiglia funziona in modo differente perché gli investimenti emotivi che si vanno a fare sono supportati da relazioni affettive basate su iterazioni complesse che ruotano attorno ad amore e legami di sangue.

In azienda non è così.

Anche se abbiamo sperato fosse così, non è così.

Quindi, visto che la paura nasce da qualcosa che ci si para di fronte come ignoto, non abbiate paura di quanto ci stiamo dicendo.

Perché sono dati di fatto.

Forse riusciremo a mitigare queste situazioni, anzi credo che per primi i governi, coloro che decidono che la loro missione è dirigere la vita di una nazione, dovranno darsi da fare in tal senso. Vedo tante sperequazioni a cui prima mettere rimedio, che dubito riavremo indietro molto presto la sicurezza a cui eravamo abituati.

Noi occidentali abbiamo bisogno di molte più porte che nel passato.

E come al solito c'è chi di porte, accettando l'enorme varietà che l'incertezza porta con sé, ne scoprirà molte.

Gli altri rimarranno lì, saccenti e arroganti, a parlare italiano con due miliardi di cinesi.

Ad aspettare per secoli i clienti dietro il loro registratore di cassa.

A scorrere le righe degli annunci di lavoro del giornale locale.

E a raccontare ai propri figli di come si stava bene una volta.

Prendetevi alcuni minuti di riflessione su come vivete il clima di incertezza.

Recuperate carta e matita e rispondete a queste domande:

- quale effetto ha su di voi l'incertezza dei nostri tempi?
- quali vostre situazioni, cose, persone, abitudini vedete più in pericolo?
- cosa succederebbe se effettivamente le perdeste?
- immaginate e descrivete la vostra vita in questi casi.
- quanto probabile è che questo accada?
- cosa potete fare per cambiare questo scenario?

Non ponetevi recinti, ritenetevi liberi di rivedere convinzioni e pregiudizi, regole sociali e dettami gerarchici o familiari.

In fin dei conti, il foglio che state scrivendo non dovete mica mostrarlo a qualcuno.

E tenetelo lì. Ne parliamo alla fine.

3. Le paure dei nostri giorni sul luogo di lavoro

Iniziare a trattare con la tua paura porta in genere ad indebolire le fondamenta che tengono in vita la paura stessa. Per quanto terrorizzante possa apparire, affrontare le paure è il segreto per superarle.

Deborah Brown-Volkman[1]

Siamo arrivati a un capitolo che probabilmente molti hanno subito cercato sfogliando il libro tra gli scaffali della libreria.

In effetti spenderemo qualche pagina in più su questo argomento.

Va subito detto che paura e ansia sono tipiche sì dell'individuo, ma si incontrano soprattutto quando egli si ritrova a vivere e operare all'interno di sistemi formati da più persone.

Quindi quasi sempre.

Questo per dire che sono i sistemi che hanno insite nel loro patrimonio genetico paura ed ansia.

Le connessioni fra colleghi e capi fanno in modo che le vibrazioni della paura dell'uno si propaghino come onde in un mare e vengano lette e vissute come miliardi di sfaccettature.

Ogni volta che la paura affligge anche solo una persona di una organizzazione se ne risentono gli effetti da qualche altra parte: la paura è un fenomeno altamente virale, se così vogliamo dire.

Contamina chiunque ne venga a contatto e non assuma il più potente antidoto.

La calma.

Ossia un limite agli atteggiamenti reattivi che siamo soliti prendere.

Ricordo le dimissioni di una bravissima impiegata pochi giorni dopo che aveva incontrato il nuovo responsabile della sua area.

[1] Presidente della società di coaching Surpass your dreams Inc. www.surpassyourdreams.com.

Qualcuno le disse che aveva fama di essere molto burbero e molto meno amichevole e "charmant" del suo predecessore.

Qualcuno lo ripeté, la voce si amplificò, il panico dilagò come negli States quando Orson Welles trasmise la sua famosa radiocronaca sull'arrivo degli alieni[1].

Andò a lavorare in un posto assolutamente terribile, pause caffè vietate, posta elettronica personale controllata, stipendio bloccato e orari .

Comprensibile, diranno alcuni.

Sì, se non fosse per il fatto che: il nuovo arrivato era di una disponibilità inesauribile; aveva una preparazione migliore del predecessore; rese la vita più facile ai colleghi ma soprattutto aumentò il rendimento e i fatturati della sua area permettendo la crescita retributiva dell'intero reparto.

Troppo pochi fatti concreti e in compenso molta ansia.

Era solo un esempio, uno tra i tanti fatti brutti e belli, strani e normali, a cui ho assistito lungo la via.

Certo che, visto che spendiamo sul posto di lavoro almeno il 40% della nostra vita e circa il 70% del nostro tempo di veglia, un po' di riflessione credo sia necessaria.

Non è solo questo.

Il tempo che dedichiamo a pensare al lavoro si espande in modo indefinito e occupa i più reconditi e nascosti momenti.

Mentre una ragionevole quantità di paura non arreca danni, eccessive fonti di paura sul luogo di lavoro portano molti problemi.

La paura sul posto di lavoro solitamente genera e degenera in ansia, con tutti i disturbi ad essa correlata.

Vero è che è importante definire cosa significa ragionevole.

Ma visto che il termine ragionevole è soggettivo, vi prego di valutarlo situazione per situazione.

È chiaro che in un carcere di massima sicurezza la soglia è differente che in una cooperativa o in una famiglia.

[1] Orson Welles (1915-1985) fu un grande regista e attore. Il 30 ottobre 1938 interpretò l'adattamento radiofonico di un romanzo di fantascienza scatenando il panico negli Stati Uniti. Moltissimi ascoltatori credettero veramente che la Terra fosse sotto l'assalto delle astronavi marziane. La paura è davvero contagiosa.

L'osservazione attenta di quanto succede nel vostro ambiente è una chiave importante, come vedremo, per dominare la paura.

Soprattutto per decidere finalmente che reazione avere, se amplificare o attutire l'intensità dell'ansia che inevitabilmente arriverà anche a noi.

Non si può definire con una formula.

Occorre sensibilità e porre attenzione ad alcuni segnali, ad alcune mancanze di facile visibilità, per essere sicuri che la paura sia parte integrante dell'arredo aziendale:

- assenza di cooperazione;
- mancanza di apertura alle influenze dei colleghi;
- mancanza di senso dell'umorismo;
- insufficiente rispetto per le differenze quali che siano;
- poche o nulle comunicazioni dirette e chiare;
- assenza di feedback rispetto a iniziative e progetti;
- mancanza di critiche espresse in modo aperto e in occasioni pubbliche;
- incapacità o difficoltà di dare il merito dei successi a livelli inferiori o comunque a chi abbia effettivamente conseguito il risultato;
- carenza di soluzioni alternative, creative, innovative;
- assenza inquietante di conflitti accompagnata da assenza di incontri chiarificatori.

La paura deruba le persone e l'organizzazione di una risorsa fondamentale al giorno d'oggi: la **creatività**.

La sostituisce con un misto di insicurezza e di sfiducia reciproca che indebolisce ulteriormente la forza della struttura aziendale.

La paura è la compagna di uno stile di management obsoleto e sterile, ossessionato dal controllo come certi serial killer.

Che sfoggia e spaccia finta leadership quando in realtà sa solo autocompiacersi e rimirarsi allo specchio scambiando l'obbedienza per condivisione.

Da questo punto di vista Stalin, Hitler, Amin[1], e magari anche Ceausescu, erano manager perfetti.

[1] Idi Dada Amin (1928 -2003) fu un famigerato dittatore ugandese. Da dimenticare, come i suoi colleghi, o forse da ricordare propri per evitare ritorni.

Ma non hanno lasciato un gran ricordo né un gran benessere.

In genere siamo programmati geneticamente per ricercare la sicurezza ma d'altro canto sappiamo anche che solo del rischio ci porterà generalmente a migliorare la nostra condizione.

I capitoli precedenti dovrebbero avervi dato elementi per metabolizzare questa verità.

Nelle organizzazioni il "prendersi il rischio" equivale non solo al miglioramento dello status del singolo ma anche al miglioramento delle performance aziendali.

Ma questo solo in teoria.

In verità questo succede solo in aziende ed enti abbastanza illuminati da preferire la gestione di qualche "fuori standard" in più e il possesso di più idee.

Possono essere aziende familiari o quotate, nuove o vecchie, di qualsiasi settore merceologico.

La differenza risiede nello stile di management prescelto, anche se in genere la dimensione e l'età dell'azienda influenzano negativamente la responsabilizzazione dei singoli, proprio perché gli ambienti datati e di dimensioni maggiori debbono optare per scelte organizzativo-burocratiche che tendono a minimizzare il rischio di perdere i risultati acquisiti anziché azzardare per amplificarli.

La burocrazia però ha estrema necessità di nutrire le paure dei singoli per far sì che le sue procedure vengano rispettate.

Non solo. Gli stessi dipendenti, quindi chi ci lavora, tendono a diventare ottimi aguzzini dei colleghi.

È un circolo vizioso in cui le vittime diventano carnefici l'una dell'altra nel tentativo di allontanare da sé le responsabilità.

Se vogliamo passare in rassegna le angosce più frequenti presenti in una organizzazione fear-based[1] dovremo parlare della paura:

1. del licenziamento o dell'outplacement;
2. della relocation, ovvero spostamento di sede;
3. del sacrificio personale, ovvero "vale la pena di darmi tanto da fare per il successo di questa organizzazione? Verrò ripagato?";

[1] "Fear-based" significa "basata sulla paura", mi sono permesso di usare un termine inglese perché vi farà fare bella figura quando lo direte al vostro responsabile del personale: probabilmente capirà che vi state informando sull'argomento. Questa cosa non può che farvi comodo se siete in gamba nel vostro lavoro.

4. dello spostamento di mansione e di quello che viene chiamato "demansionamento", ovvero lo spostamento ad una mansione inferiore o poco interessante e gratificante;
5. del mobbing e delle violenze fisiche e psicologiche sul luogo di lavoro;
6. di essere inadeguati rispetto a colleghi e superiori, e quindi delle critiche;
7. di non essere in grado dalla propria posizione di poter influenzare il risultato aziendale né tantomeno di poter migliorare la propria posizione economica e sociale.

Certo, ci sono molti altri timori ma in un modo o nell'altro discendono da questo gruppo di "mega-paure" e ne rappresentano delle evoluzioni.

Ad esempio la paura di essere discriminati per questioni di razza, sesso o religione, oppure di essere troppo vecchi per poter svolgere un lavoro o di essere fuori moda.

Tutte sfumature delle precedenti, le quali a loro volta si ritrovano nella numero uno.

La paura di perdere il posto di lavoro.

Le conseguenze di un ambiente dove regna una atmosfera di panico o di continua apprensione sono il mancato sviluppo di alcuni pilastri della produttività e della competitività.

Come dicevo: creatività e innovazione.

Chi di noi occidentali può farne a meno?

Chiedetevelo anche voi imprenditori, manager, amministratori.

Chiedetevelo anche voi dipendenti, operai e studenti.

È un piacere che vi farete e magari vi salverà la vita.

So che molti di voi credono profondamente nel lavoro che svolgono e davvero rispetto la loro dedizione, ma ciò non significa che sia semplice riconoscere l'impatto che la paura ha sui risultati.

D'altro canto già Edward Deming, il padre della "Qualità Totale", si era accorto di come la qualità fosse una chimera nei luoghi in cui la gente temesse di dire quello che pensava veramente.

Ecco un altro punto importante.

La paura impedisce di dire la verità.

Nella mia esperienza professionale ho visto sbagli madornali compiuti per ignoranza di elementi che i componenti della riunione conoscevano benissimo.

Era possibile analizzare la situazione con i dati necessari.

Ma i dati non uscivano.

Paralizzati nella caverna della paura.

Bloccati dal timore di dire cose spiacevoli e impopolari e di doverne pagare il prezzo.

Purtroppo ho anche visto i costi.

Ed erano sempre maggiori rispetto al prezzo della paura.

Certo.

La paura sul posto di lavoro nasce dal differente potenziale di autorità espresso dalla classe dirigente e richiede che chi si trova in alto abbia conoscenza dello scenario globale a differenza di chi sta sotto che può conoscerne solo una parte.

Maggiore responsabilità implica maggiore autorità.

La mia convinzione è che non sia assolutamente necessario trasformare questa autorità in terrore.

Soprattutto che non sia necessario tradurre l'autorità in una minaccia di peggioramento della qualità della vita di chi esegue, o peggio ancora in un reale danneggiamento.

Già. Perché se un capo vuole danneggiare un sottoposto è probabile che ci riesca.

Quindi la domanda è: "Conviene?".

Sì, se il gioco fosse di quelli in cui uno dei due vince tutto o perde tutto.

Oramai cambiare atteggiamento verso il mercato e i concorrenti, adottare nuove strategie e mollare le vecchie linee di prodotto per abbracciarne di nuove è un dovere per garantire la sopravvivenza.

Lavorare di più del richiesto, concentrarsi sul risultato anziché sul metodo, fare un passo in più rispetto alle istruzioni ricevute. Sono tutte modalità comportamentali che chi lavora deve considerare alla stregua delle bombole di ossigeno per i sommozzatori.

Non si torna indietro.

Ma tutto questo non si verifica se l'individuo si sente in qualche modo minacciato.

Anche se è chiaro che l'organizzazione ne patirà e forse ne morirà, scordatevi di far diventare partecipativa una persona che si sente in pericolo.

Evidentemente il problema è di fiducia reciproca.

L'assenza di fiducia genera azioni di minaccia o addirittura di rappresaglia in un circolo vizioso destinato a peggiorare l'atmosfera.

Perché interessarsi dell'atmosfera?

A qualcuno potrebbe sembrare un proposito da bravo ragazzo dell'Azione Cattolica.

Ma questo qualcuno ha una visione limitata.

Le connessioni personali che intercorrono tra gli individui di una organizzazione raramente sono quelle che si ritrovano negli organigrammi, e le prime sono infinitamente più potenti delle seconde.

Nessuna circolare interna, procedura aziendale o mansionario riuscirà a dare concretezza, energia e vitalità alla produzione di valore se il network personale dei membri è in disaccordo o rema contro.

Chiamatelo sabotaggio se volete.

Chiamatelo suicidio.

Chiamatelo istinto di sopravvivenza.

Chiamatelo come vi pare ma tenetene conto se tenete al futuro della vostra azienda e ancora di più se lavorate nelle Risorse umane.

La parte informale dell'azienda esiste e può essere la vostra croce o la vostra delizia.

Il primo punto è quindi che, per generare organizzazioni prive di paura, si deve creare un clima di "fiducia interna". Tradotto, significa che chi ne fa parte deve pensare e credere che l'altro stia comunque facendo anche i suoi interessi.

Vale anche farlo solo credere, fare finta?

Mi spiace dirlo, ma in genere sì.

Se non vi scoprono.

Se vi scoprono, come spesso succede, avete finito per un bel po'.

Domandatelo a Nixon[1].

[1] In verità non potete più chiederglielo visto che è morto nel 1994. Fu l'unico presidente americano ad essere esautorato e costretto a dimettersi nel 1974 per una brutta storia di microspie ai danni del partito democratico. Lo scandalo fu chiamato "Watergate", dal nome dell'edificio di Washington dove lo spionaggio ebbe luogo, ed è un po' il padre di tutte le malversazioni politiche dei tempi moderni.

Questo ha la pretesa di essere un manuale, quindi presume di dover dare indicazioni concrete.

Il mio suggerimento per creare un clima di fiducia interna è quello di dare l'esempio.

Più in alto si sale nella organizzazione gerarchica, e più è necessario dare l'esempio.

Exempla trahunt, o per dirla con Sant'Agostino: «Le parole insegnano, gli esempi trascinano, solo i fatti danno credibilità alle parole».

Ma se questo consiglio apparirà a molti banale, vorrei approfondire le istruzioni e renderle pratiche.

Si fa un gran parlare di "visione", "missione" e valori aziendali.

La prima è dove si vuole arrivare, la seconda è come si farà, mentre i valori sono i punti fermi, le credenze e le convinzioni che accompagneranno l'attività.

Se ne fa un gran parlare ma spesso si scivola allegramente sul ghiaccio del fatto che, solo se condivisi o co-creati, queste stelle polari hanno la possibilità di esprimere il loro benefico influsso.

Calarle dall'alto serve a poco, se non ad abbellire qualche parete, a far passare qualche ora di meeting o a intasare i flussi della posta elettronica.

Quindi non accettate che qualche consulente vi proponga chiavi in mano il pacchetto.

Organizzate dei tavoli di discussione che intersechino i livelli aziendali e chiedano supporto ad ogni singolo nello sviluppo di queste pietre miliari. Le promesse condivise sono legami forti.

Partecipare alla creazione e alla redazione rende più grande la necessità di congruenza dei membri di una organizzazione.

Mentre l'esclusione rafforza la necessità di confliggere da parte degli esclusi.

Più escludete, maggiore sarà la conflittualità.

Maggiore la conflittualità, maggiore la necessità di controllo e repressione.

Maggiore controllo e repressione maggiore paura.

Maggiore paura, maggiore sfiducia.

Maggiore sfiducia, maggiore inefficienza e costi.

E così via.

Certo: per impedire che tutto ciò accada servono leader. Veri.

Temo di non avere ancora dato conto di come una organizzazione basata sulla paura sia effettivamente più costosa di una basata sulla fiducia.

Mi sono trovato infatti a partecipare a seminari ed incontri in cui con grandi parole si facevano propri i principi della seconda ma alla prova dei fatti l'unica attività per rendere meno terroristica la gestione era quella di aumentare il numero di minuti della pausa caffè.

Come se la fiducia avesse a che fare con la bontà.

Non è così.

O, perlomeno, non necessariamente.

Parliamo dei costi della paura.

Partiamo da un punto ripetutamente espresso e condiviso dalle più diverse e importanti scuole di management.

Non si riesce a costruire una organizzazione che mostri sul lungo termine un successo finanziario, risultati economici positivi e capacità di superare i cambiamenti storici e di mercato quando si usino come valori fondanti il controllo autocratico, la paura e il cinismo[1].

Certo, non è facile stimare i costi della paura, non più di quanto sia facile stimare i ritorni di una campagna pubblicitaria, di un redazionale o di un corso sulla comunicazione.

Come la paura diminuisce o limita la capacità di profitto di una organizzazione?

In genere dove regna la paura e la sfiducia si assiste ad un aumento dei comportamenti "CYA"[2], ovvero di atteggiamenti autoprotettivi ma soprattutto volti a raggiungere il successo personale indipendentemente dal successo aziendale.

Quindi il trionfo del singolo a prescindere da quello dell'organizzazione.

È evidente che se i due piani fossero allineati, il profitto aziendale sarebbe maggiore.

Spesso accade che, in questi scenari, dipendenti e colleghi non facciano nessuno sforzo oltre a ciò che tecnicamente e da contratto è loro richiesto.

[1] Come indicazione potete fare una ricerca riferendovi a J. Kotter e J. Heskett della Harvard Business School, oppure a J. Collins e J. Porras della Stanford Business School. Un altro autore prolifico al riguardo è A. De Geus, sempre della Harvard Business School.

[2] CYA è l'acronimo per "Cover Your Ass". Non vi voglio privare del privilegio di approfondire la vostra conoscenza dell'inglese, perciò eviterò di tradurre.

Ho visto documenti completati rimanere sulla scrivania in attesa di essere ritirati da chi li aveva delegati. E alla mia domanda "Perché non lo avverti che sono pronti?", la risposta è stata: "Beh, mi ha chiesto di compilarli, non di portarglieli".

Triste ma frequente.

Costa.

Costa molto.

Quasi tanto come quando, alla stregua di polvere spazzata sotto al tappeto, la paura fa nascondere gli errori e le mancanze.

Alzi la mano chi in situazioni di pressione non ha preferito cancellare, occultare, modificare dati e informazioni che rivelavano il suo errore o quello di qualcuno a lui vicino.

Questo meccanismo è, portato alle estreme conseguenze, la fonte di tragedie personali e collettive. Di crack finanziari, ambientali, politici o aziendali.

Tutte situazioni in cui qualcuno ha taciuto per paura.

Più o meno in alto, ma ha taciuto.

Succede da sempre quando governa la paura.

Pensate che non possa succedere nella vostra azienda?

Non credete che il tempo che le persone passeranno a cercare di nascondere gli errori andrà a scapito dell'efficienza e dell'efficacia?

Più grave e desolante è la patologia con cui coloro che si sentono impauriti e minacciati mettono in atto condotte di sabotaggio.

La perdita o il calo di motivazione in questi casi è da connettere alla scarsa prospettiva che un ambiente impaurito e sfiduciato infonde al personale.

L'unico obiettivo in questi ambiti è quello di tirare sera. Di salvare la pelle per un altro pomeriggio ancora.

Che motivazione e che capacità di risolvere i problemi vogliamo tirare fuori da una situazione di emergenza?

Chi e perché si dovrebbe prendere il rischio di percorrere una via che porti a una soluzione diversa?

Vogliamo parlare di quanta energia tutte queste disfunzioni sottraggono al normale processo di gestione?

Quanti sforzi costa compensare la mancanza di allineamento tra obiettivi aziendali e personali dei membri di una organizzazione?

Se l'allineamento manca, ed esso manca sempre quando manca la fiducia, la gente passa il tempo a risolvere i suoi problemi, non quelli dell'azienda.

Se non si può parlare ed esistono argomenti "intangibili" il risultato è la frustrazione e presto subentreranno il cinismo e l'abbandono nel contribuire costruttivamente ai processi in atto o in divenire.

Questi fenomeni sono più diffusi di quello che solitamente ammetteremmo.

E fino a quando non faremo nostro il ragionamento che la lealtà non si pretende ma si guadagna ogni giorno, ogni ora, non comprenderemo nemmeno che essa è necessaria anche al bilancio.

La paura solo in alcuni rari casi può stimolare senza creare ripercussioni.

E comunque solo quando sia auto-imposta.

Ci possiamo quindi stimolare con la paura ma lo dobbiamo fare da noi.

Altrimenti i costi supereranno i benefici.

Questo capitolo era soprattutto per chi le organizzazioni le comanda; se non siete voi, e allo stesso tempo siete d'accordo con me, fategli leggere queste righe.

Potrebbe funzionare.

4. Limitare o eliminare la paura sul luogo di lavoro

Il potere sui mezzi di sussistenza di un uomo equivale al potere sulla sua volontà

Alexander Hamilton[1]

In genere quello che incontro nelle aziende è la paura da parte delle persone di perdere qualcosa.

Come anticipato, può essere lo stipendio, la credibilità, la mansione o la carriera.

A volte più grave è la paura della perdita del posto di lavoro, mentre meno gravi sono la vergogna e il timore di perdere la faccia di fronte a capi e colleghi.

Da questo timore nasce il dilemma del "buon dipendente".

"Dire o non dire?", "parlare o no?", "alzare la mano o stare zitto?".

Già, perché il problema fondamentale e più diffuso delle situazione descritte nel capitolo precedente è la mancanza di comunicazione.

La sicurezza che nulla cambierà anche se ci si metterà in prima linea e si alzerà il dito contro qualcosa o qualcuno è un frutto estremamente amaro della paura.

Immagino che molti di noi abbiano confidenza con il triste cinismo che avvolge l'aria di alcuni uffici o di alcune aree dedicate alla pausa caffè, che alimentano poi le fantozziane sit-com di successo.

Il punto è che questo cinismo e questo senso d'impossibilità e inutilità della propria presenza sono diffusissimi.

Anche in questo caso, non si comprende se nasca prima l'uovo o la gallina.

[1] Politico e costituzionalista americano (1755-1804).

Il capo prende questi atteggiamenti come una evidenza che il sottoposto è un debole scansafatiche sempre pronto a deresponsabilizzarsi.

Il sottoposto sente la disistima e la sfiducia del capo e, come un probabile condannato al patibolo, cerca di rimandare il più possibile il momento del taglio della testa disintegrando ancora di più l'ambiente che tanto prima o poi non sarà più il suo.

Visto che questo libro non sa se si trova in mano di un dipendente, di un dirigente, un imprenditore, un consulente, uno studente o... di un disoccupato, si farà delle domande di senso generale, a prescindere dalla categoria di appartenenza del lettore.

Come spesso avviene durante alcune sedute di psicoterapia circa l'ansia o le fobie, la questione gira intorno al dubbio "ma quello che temo avverrà realmente?".

Distinguere tra conseguenze realmente percepite e altre solamente immaginate è la prima raccomandazione che mi sento di fare.

Non tutto quello che presupponiamo sarà il contraccolpo di un nostro comportamento avverrà.

Anzi, è molto probabile che la paura sia innanzitutto nella nostra testa, un costrutto non razionale, un monologo interiore alimentato da "forse", "però", "magari" e da presupposizioni e pregiudizi circa colleghi e superiori.

Questo è il motivo per cui a cappello di quanto scriverò tra poco mi sento in dovere di mettervi a disposizione alcune nozioni che potrebbero preservare qualcuno dal vedere aggravate le sue emozioni paurose.

Se volete evitare di dare ulteriore corda ad un ambiente lavorativo che, in effetti, potrebbe essere "paurògeno[1]", dovete tenervi lontano dal trasformare le paure in fobie.

I segnali sono di questo tipo:

- focalizzazione esasperata sul tema che vi spaventa e continua vigilanza dell'ambiente alla ricerca dei segnali premonitori;

[1] Non ho mai sentito questa parola e nel vocabolario non appare. Nonostante questo, ho pensato di usarla nel senso di "generatore di paure". La soddisfazione di avere inventato un vocabolo non ha prezzo.

- tendenza ad amplificare i timori, vederne i segnali anche in situazioni in cui nessuno li riconosce, e leggerli sempre in senso sfavorevole;
- proiezione mentale ossessiva di futuri terribili e apocalittici causati dalle paure in questione;
- perdita del controllo di sé in questi contesti.

È opinione comune che le fobie non spariscano con processi di auto-guarigione.

Servono terapie mediche e psicologiche.

La speranza è che riconoscendo i segnali per tempo, quando ancora si tratta di paure, per così dire, "fisiologiche", ognuno di noi riesca a riportarle entro un alveo controllabile.

Nella vita quotidiana di una organizzazione tendono a diffondersi miti e leggende, pezzi di storie vere mischiate a voli pindarici ed iperboli di fantasia. E questo non aiuta.

Quasi sempre queste storie sono condite da "ho sentito...", "a un mio amico è successo che...", "una volta mi hanno detto che...".

1) Il primo punto è **domandarsi se la paura che si prova sia fondata**. In tale analisi fatevi pure aiutare da persone di cui vi fidate ma non delegate ad altri il compito di salire questo primo importante gradino da salire.

Rimanete agganciati al fatto che è il confronto che genera la paura, la competizione.

Ma non sempre questo è presente.

Se non è presente confronto, non c'è motivo di temere.

Chiedetevi se veramente l'azione che vi preoccupa genererà reali danni a qualcuno, e se questo qualcuno li riterrà veramente tali e, in ultima analisi, se anche fosse, se questo individuo sia realmente interessato ad agire per danneggiarvi.

Se sarete rilassati vi ritroverete a scartare queste ripercussioni nella grande maggioranza dei casi in cui il velo nero del timore vi avvolge.

Chiedetevelo a prescindere dalla posizione che occupate.

Per costruire un posto di lavoro dove fiducia ed alti livelli di efficienza siano la regola, dovete essere in grado di dare ed ottenere supporto nel momento della comunicazione.

Serve facilitare il fluire della trasmissione delle opinioni, certo in modo ordinato, ma accettando quella ragionevole quantità di caos che sempre accompagna i salti di coscienza personali ed aziendali.

Ambienti "protetti" e meeting in cui si possa dire senza temere ritorsioni sono più semplici di quel che si pensa da creare.

Ma l'attenzione deve andare sui contenuti e non sulle persone.

Se l'uso della informazione servirà a biasimare o criticare in modo più o meno marcato chi l'ha espressa, scordatevi che lei o lui se ne venga fuori nuovamente con qualche osservazione.

Più in alto siete, più avete obblighi nel realizzare tutto ciò.

E fate attenzione.

Chi è in alto non si rende bene conto del suo potere d'incutere timore di rappresaglia.

Spesso chi comanda è in buona fede e non capisce chi lo tira per la manica della giacca e lo informa del clima pesante che si respira.

L'essere capaci di uscire dal proprio sistema di riferimento e camminare un po' nelle scarpe degli altri è un tratto distintivo di molti condottieri e leader.

E non dimostra debolezza, ma comprensione di un meccanismo fondamentale dell'animo umano.

Non ci si sacrifica mai per paura.

Ci si sacrifica per amore.

Le altre teorie sull'utilità della frusta sono balle e in genere manipolazioni per giustificare lo sfruttamento dell'uomo sull'uomo.

Continuiamo con gli strumenti per liberare il più possibile l'ambiente di lavoro dalla paura.

2) **Ascoltare gli altri** sembra essere una regola d'oro, la seconda per quanto ci riguarda.

Rudolph Giuliani ne fa addirittura un paragrafo del suo libro sulla leadership[1].

Ascoltare gli altri, se non si è talmente presuntuosi da pensare di avere il dorato dono della scienza infusa, apre le porte alle possibilità e alla correzione di rotta.

Ascoltarli magari sino alla fine. Senza completare le loro osservazioni.

[1] Rudolph Giuliani, *Leadership*, Mondadori, 2003.

Non mi soffermerò ulteriormente perché se non fosse chiaro già così, significa che questo libro è scritto male e non sta comunicando.

E quindi vi autorizzerei a chiuderlo.

Ma visto che penso non sia così, vi riporto, prima di passare al prossimo punto, proprio alcune righe dell'ex sindaco di New York.

Simpatico o meno, è un personaggio che ha compattato la cittadinanza della più complessa megalopoli del pianeta per due mandati, durante i quali ha gestito anche la crisi dell'11 settembre 2001. Un leader efficace e perfino amato dalla grande maggioranza dei cittadini.

Eccole: «Un leader deve essere abbastanza forte da prendere le sue decisioni e farle applicare anche se impopolari. Ma deve anche essere tanto sicuro di sé da cercare l'opinione altrui e magari cambiare idea senza timore di passare per debole».

3) Il terzo punto, la terza azione per disintossicare un posto inquinato dal terrore o comunque dalla diffidenza e dal sospetto, è quello di **gratificare chi se l'è sentita di portare il messaggio**.

Colui che ha avuto la forza d'animo di alzare la mano.

Certo, è un'azione che solo chi si trova in una posizione gerarchicamente superiore può condurre a termine.

Ma può essere fatta a tutti i livelli. Non solo a quelli più alti.

Quindi anche dal capo magazziniere con i magazzinieri.

Gratificare colui che si è fatto carico d'evidenziare una situazione sgradevole ai capi, o comunque che ha portato dati che nessuno si sognava di sgranare snocciolare al cospetto dei superiori, è facile e allo stesso tempo complicato.

Facile perché di buon senso, difficile perché si tratta di tenere a freno l'istinto aggressivo che porta ad uccidere gli ambasciatori di cattive notizie.

Difficile è anche chiedere queste notizie prima che le notizie arrivino da sole.

Stimolare gli individui perché parlino prima che sia troppo tardi è il completamento perfetto della dote dell'ascolto.

Generare uno spontaneo flusso d'informazioni libere e sincere è un talento raro.

Ma enormi i guadagni in termini di risparmio e correzione di errori.

4) Quarto aspetto da tenere in considerazione per ridurre la tensione è quello relativo alle **comunicazioni poco chiare**.

Sì. Quelle che fate voi.

Non quelle degli altri.

Soprattutto chi comanda ha la possibilità di dimostrare sincerità o quantomeno chiarezza e coerenza quando comunica.

Dare messaggi parziali e in ritardo.

Mettere a conoscenza solo alcuni membri di informazioni che dovrebbero essere generali.

Dimostrare cambiamenti di posizione improvvisi e incomprensibili.

Non spiegare perché alcune informazioni debbano rimanere riservate.

E, peggio ancora, non riconoscere che si sono dati messaggi confusi; o, ancora più deleterio, chiedere alle persone di comportarsi in modo non corretto.

Tutti questi sono metodi per assicurarsi un bel po' di diffidenza e far rimanere l'ambiente di lavoro una gabbia di iene.

Cattive e reciprocamente paurose.

Far produrre risultati a una gabbia di iene non è facile.

Domandatevi perché non esistono domatori di iene nei circhi[1].

5) E arriviamo al quinto suggerimento: **accettate di mettere sul tavolo ciò che le persone dell'organizzazioni ritengono sia tabù**.

Avete in corso un ridimensionamento, e quindi tagli del personale?

Esistono elementi che stanno boicottando l'azienda?

È prevista una rilocalizzazione?

Dovete cambiare dei mansionari?

Ve ne volete andare?

Qualunque sia il punto, discutetelo.

Sono segreti di Pulcinella.

Tutti sanno.

[1] Nemmeno io lo so. Ma il concetto è che un gruppo di intimoriti non è idoneo a cooperare e non porta né efficacia ne efficienza. Non sa comandare e nemmeno essere comandato.

Il problema è che, a non parlarne, tutti ci ricamano sopra e alla fine ognuno ne tirerà fuori materiale a sufficienza per spaventare e spaventarsi.

Fomentando azioni e soprattutto reazioni negative per tutti.

Certo, non agite a caso e con leggerezza.

Argomenti come quelli descritti sopra sono delicati e vanno toccati con metodo.

Ma vanno affrontati.

In un ambiente aperto alle domande e alle risposte.

Si tratta di:

- definire ciò che preoccupa la gente;
- esaminarlo insieme nelle sue parti;
- comprendere quali sono le conseguenze che generano la paura;
- ipotizzare soluzioni atte a cancellare o mitigare le conseguenze attraverso sessioni di *brain storming* e usando le varie facoltà di cui i partecipanti sono dotati. Ciascuno per la sua parte.

Esiste, è vero, la possibilità d'entrare in situazioni di stallo o di tensione.

Ma è ancora preferibile alla strategia di ignorare l'evidenza.

La prima ipotesi genera esiti innovativi e spesso luminosi, per quanto su fili di lama.

La seconda trae solo conclusioni di mugugni e lamenti, perdite e cadute di interesse, ricoperte dalle spine dell'impossibilità di parlare, una delle impossibilità che rendono la vita dura e triste.

6) E ora il sesto consiglio.

Il processo decisionale.

È evidente che in una azienda le decisioni non possono essere sempre prese in modo collettivo.

Ci mancherebbe.

D'altro canto, è altrettanto vero che sempre più frequentemente assistiamo alla necessità che definizioni e soluzioni dei casi vengano assunte in velocità a prescindere dalla presenza e dalla supervisione dei capi.

Tra la decisione presa in solitudine dal vertice, e quella in cui la delega permette al livello operativo di stabilire le azioni da prendere, si situano tutte le possibilità intermedie.

Possibilità che, in genere, vedono come strumento chiave l'incontro tra le parti che saranno coinvolte nella gestione del cambiamento.

Liberare un ambiente che presenti evidenti segnali di paura significa favorire il passaggio da un metodo solitario ad uno gradualmente più cooperativo tutte le volte che ciò sia possibile.

Ho detto "possibile".

Non ho detto "facile".

E non ho nemmeno detto "da uno all'altro".

Ho detto "gradualmente".

Sia il ruolo dei o del leader che quello dei componenti l'organizzazione è fondamentale.

Questo miglioramento non si acquisisce in assenza della buona volontà di una delle due parti.

Inutile buttare la croce addosso a uno o all'altro.

Certo, chi comanda dovrà informare i colleghi circa cosa sta cercando di fare.

Sta cercando il loro appoggio aprendo un conto di fiducia e chiedendo in cambio azioni e date di consegna delle stesse nonché applicazione pratica.

Più il passato è stato un pentolone di cattive esperienze per chi si è preso responsabilità, maggiore sarà la difficoltà nel far partire la nuova politica.

L'esempio del conto della fiducia è davvero illuminante.

Se ci sono stati molti prelievi, ovvero situazioni in cui un comportamento proattivo è stato castigato, censurato, biasimato saranno necessari molti depositi prima di ristabilire il fondo necessario a fare ripartire un circolo virtuoso in cui le decisioni vengano prese al giusto livello.

Giusto livello è quello che permette l'applicazione.

Ricordo la riflessione di un operaio ex jugoslavo di una immensa azienda statale il giorno in cui mi recai in Slovenia all'indomani dell'indipendenza del paese.

Era il 1991 e dovevo comprendere come fosse possibile il passaggio da una gestione pubblica a una privata di un'organizzazione che aveva avuto 4.000 dipendenti e che sarebbe tranquillamente andata avanti con 400 di lì a pochi giorni.

Discutevo con un capo reparto della scarsa efficienza dimostrata fino ad allora.

«Vede, – mi rispose con gli occhi ingenui e straniti di chi vede per la prima volta il mondo dall'alto – loro facevano finta di pagarci, noi facevamo finta di lavorare, non ci hanno mai chiesto come produrre di più. Dicevano solo che dovevamo fare di più. Ma non ci hanno mai chiesto come».

Era il livello decisionale non consono a produrre i risultati.

Rattrappito e solitario nella sua torre d'avorio, continuava a illudersi di poter imporre senza condividere.

Il resto è storia, come sapete.

Sicuramente ci sono decisioni che non possono essere condivise, oppure decisioni che non hanno potuto tenere conto degli input ricevuti.

In questo caso rimane fondamentale darne notizia.

Ripeto:

- informate in tempo sulle decisioni;
- spiegate perché le avete prese e perché non avete potuto tenere conto degli input (teoricamente dovrebbe essere sempre per il bene dell'organizzazione);
- esprimete apprezzamento per gli sforzi compiuti anche se non hanno avuto successo;
- fornite le date di applicazione, cosa succederà e quando.

Non vorrei essere frainteso, quindi devo sottolineare come nessuno pretenda la soluzione di tutti i problemi che i membri di una determinata organizzazione portino alla luce.

Il punto è però prenderne atto.

Non turarsi le orecchie o girare lo sguardo.

Finora molto è stato detto su ciò che dovrebbe fare chi si trova in posizioni superiori nella gerarchia.

Ma le parti sono due, e molto spesso mi sento chiedere da imprenditori e dirigenti come coinvolgere i colleghi in processi responsabilizzanti di questo tipo.

Me lo sento chiedere dagli stessi componenti dell'organizzazione.

"Ma perché dovrei impegnarmi in tutto ciò?".

Comprendo la domanda.

Un momento storico in cui il già citato libro della Maier diventa un best seller non è certo il più adatto per impegnarsi.

Sentite qui l'incipit del terzo capitolo: «Quadri, impiegati: vi stanno mentendo; non fatevi fregare. L'impresa vi racconta panzane tentando di mettervi in trappola: smontiamole insieme. Gli imperativi di mobilità, i discorsi ripetuti fino alla nausea sulla flessibilità, l'etica, le nuove tecnologie dell'informazione e della comunicazione sono solo baggianate».

Comprendo lo stato d'animo e non posso negare che ci siano dei cupi esempi in tal senso; ma anche se le premesse possono a volte essere corrette sono le conclusioni ad essere sbagliate.

Il mondo è cambiato.

Il mondo sta cambiando.

Gira come una trottola impazzita, un dado blu sul tappeto verde.

I puntini sul dado siamo noi.

E non sappiamo se ricadremo sulla faccia in basso o in alto, oppure girati su un fianco.

Certo è che esiste un rimbalzo tecnico della responsabilità.

Tanto per fare qualche esempio, fino a 90 anni fa dall'Italia partivano quasi 1 milione di emigranti l'anno verso l'estero.

Dal 1955 al 1971 si trasferirono dal sud al nord Italia 9 milioni di persone mutando, col timbro su un biglietto del treno, secoli di tradizioni, abitudini e costumi.

Grandi e piccoli, probabilmente amati e radicati.

Questo per dire che da poco il vento è cambiato, ed è cambiato solo per una piccola parte della popolazione mondiale.

Dal punto di vista della storia dell'umanità, sono passati pochi secondi da quando nessuno al di fuori di noi stessi doveva occuparsi di cacciare, pescare, coltivare, cooperare, difendersi per garantirsi non il futuro ma la sopravvivenza quotidiana.

La motivazione a partecipare ai processi decisionali sta nel nostro patrimonio genetico.

Fare parte del problema o fare parte della soluzione.

Cambiare atteggiamento e cominciare a passare i secchi d'acqua anche quando l'incendio sta attaccando la casa a due isolati dalla nostra.

Non è un piacere fatto all'organizzazione quello di prendersi responsabilità.

Non credo che tutte le aziende abbiano a cuore il destino dei propri dipendenti, ma non credo nemmeno che la soluzione intelligente per chi ci lavora sia quella di sparire tra le pieghe pigre e sterili che il sistema inevitabilmente crea e a volte, insipientemente, foraggia.

Prendersi responsabilità è un piacere che facciamo a noi stessi.

Perché impariamo a gestire stress e paura.

Perché liberiamo noi e gli altri da queste angosce.

E perché cresciamo.

E Dio solo sa che bisogno ci sarà di crescita nel mondo che verrà.

La storia si ripete. e solo da pochi anni ci siamo dimenticati queste strofe:

Noi siam partiti da i nostri paesi.
Noi siam partiti co i nostri onori.
Trentasei giorni di machina a vapore
e ne la Merica noi siamo rivà.
È pur vero che abiamo sofferto
nel principio del nostro rivar;
è pur vero che i boschi salvagi
speso feci la fronte sudar.
Ma pasate molte giornate
de le pene patite godiam
col lavoro acanito, costante
nova patria in America abiam.
Nel Brasile non vi sono un patrone,
ogni uno è patrone di sé
e in sua casa il colono comanda,
ogni uomo comanda da sé[1].

Sono sicuro che qualche nonno se le ricorda ancora.

Sono strofe solo ad uno sbuffo di tempo da noi nella locomotiva dell'evoluzione.

La differenza con la nostra personale storia è che non ci aspettavamo che il contratto virtuale che garantiva benessere in cambio di obbedienza venisse dimenticato.

[1] Canzone popolare degli emigranti verso il Brasile agli inizi del 1900.

Oscurato dai grandi e biblici movimenti mondiali delle ricchezze e delle merci.

7) Ed eccoci all'ultimo punto.

La settima leva su cui costruire un posto di lavoro senza paura.

Si chiama "**consapevolezza**".

Consapevolezza che non sarà più come prima e che alzare la mano per dire, suggerire, fare notare non è di per sé sinonimo di licenziamento.

Al contrario, è il recupero di una ricchezza che anni di benessere privilegiato avevano tenuto in un cassetto. Come certi portatovaglioli d'argento che ci si regalava al battesimo.

Fondere la conoscenza e l'esperienza del proprio livello aziendale con la possibilità di applicazione e l'autorità dei livelli più alti è l'unica vera via che porta la sopravvivenza degli organismi economici costretti in alternativa ad un esodo e a un dannato peregrinare da un luogo di disperazione a un altro, alla ricerca del minor costo della manodopera.

Con un vantaggio serio per la parte più debole.

Per l'impiegato. L'operaio. Lo studente.

L'acquisizione di un metodo, di una capacità, di un'attitudine da contrapporre al cinismo, all'immobilismo, al panico e al terrore.

Questa capacità di rispondere con l'azione alle sfide è figlia di progressivi sforzi e di allargamenti della propria area di comfort.

Ma non è praticabile se non è accompagnata dalla consapevolezza che nessuno per natura è chiamato a prendersi cura di noi.

Triste forse.

Ma consapevole.

E sapete un segreto?

Questa consapevolezza è l'unica via poi che porta realmente gli individui a prendersi cura uno dell'altro e a stimolare ulteriore cooperazione.

Senza comprensione che gli attori siamo sempre e solo noi, non esiste cooperazione né miglioramento, né generale né personale.

Altro che corsi di trasformazione positiva.

Niente serve se non ci si dice un bel: "Certo, è affar mio!".

Niente serve se non si passa dalla ricerca di sicurezze materiali a fare proprie sicurezze profonde, in cui la garanzia guadagnata è la tranquillità di sapersela cavare comunque vada.

Quindi partecipate. Alzate la mano. Guardate negli occhi, chiedete di poter suggerire, discutere, provare, mettere in atto, sbagliare e riprovare.

Ci saranno persone attorno a voi che vi prenderanno per pazzi, ruffiani, illusi.

Non importa. Non sono loro che vi daranno una mano quando ne avrete bisogno.

Piuttosto fate riferimento a chi non ha ancora capitolato al virus del cinismo.

Ottenere supporto è molto importante, e la gente che avrete vicina potrebbe darvi la spinta che vi serve nei casi in cui vi troviate bloccati dal fango dei dubbi.

L'atteggiamento è appunto come un virus, contagioso.

E nel caso serva, regalate questo libro al vostro capo: male non può fare.

5. Le paure degli altri

> Ricordare che morirò presto è lo strumento più importante che mi ha consentito di fare le scelte più grandi della mia vita. Perché praticamente tutto – tutte le aspettative, l'orgoglio, le paure di fallire – tutte queste cose semplicemente svaniscono di fronte alla morte, lasciandoci con quello che è veramente importante.
>
> Steve Jobs[1]

Noi viviamo in una società impaurita.

Noi siamo impauriti.

A casa, sul lavoro, con gli amici, in vacanza, ci rechiamo sempre con il nostro zaino più o meno carico di spavento.

Noi abbiamo paure che trovano radici profonde: nella nostra infanzia, nell'educazione ricevuta, nell'humus di esperienze dolorose.

Di padri e madri o troppo presenti o troppo assenti.

Che chiedevano troppo o troppo poco.

Di amici cattivi e parenti deviati.

Di insegnanti e tutori con strane visioni.

Chi più chi meno, abbiamo avuto la nostra dose, e purtroppo la somministreremo (speriamo il meno possibile) ai nostri figli, amici e discenti.

Poi abbiamo paure che nemmeno immaginavamo potessero esistere l'anno scorso, figuriamoci quando eravamo bambini.

Aids, influenza aviaria, pacchi esplosivi, ebola, antrace, pedofili, killer satanici, fiumi di fango, tsunami, disastri ferroviari, aerei che cadono, virus informatici, carte di credito clonate, telefoni sotto controllo, cinesi che dormono e vivono nelle aziende, furti in villa, emigranti cattivi con diritto di voto, mamme che uccidono i propri piccoli, protesi mammarie che esplodono in volo ed errori dei chirurghi, tempeste e inondazioni causate da un clima impazzito.

Non c'è mica da stare tranquilli.

[1] Steven Paul Jobs (1955) ha fondato Apple Computer e Pixar. È famoso per aver presentato al grande pubblico il primo personal computer con mouse e interfaccia a icone.

No, non c'è mai da stare tranquilli. Su questo concordiamo.

Credo che concordi anche la gazzella, così come credo che abbia concordato il leone il giorno in cui ha incontrato i bracconieri.

Ma qui c'è di più.

Per noi che tentiamo d'addentrarci con buona volontà sul cammino di gestori di un mondo da restituire ai nostri figli dopo averlo preso in prestito, c'è da ragionare.

Viviamo nell'epoca della drammatizzazione televisiva e non serve far notare che di antrace finora in Italia non è mai morto nessuno e che i connazionali rapiti nello Yemen nel 2005 sono stati in tutto 5, mentre più di 3.000 persone muoiono tra le mura domestiche a causa di cadute e ogni 10 secondi nelle abitazioni avviene un incidente che richiede cure ospedaliere[1].

Non serve il comune sentire che comprenda come la piena del Tevere del 2005 sia stata in realtà molto ma molto meno minacciosa che non salire in automobile per andare a fare la spesa per il cenone di Natale.

Non serve essere consapevoli del fatto che la possibilità che durante un'operazione prenda fuoco una maschera dell'ossigeno sia di 100 volte su 27.000.000 di esperienze, quindi lo 0,0003 % dei casi.

Siamo terrorizzati comunque.

E ci mancherebbe.

Quando queste sono praticamente le uniche notizie che filtrano dai mass-media, il risultato non è stupefacente.

Stupefacente sarebbe il contrario.

Ce ne rendiamo conto ma ciò non evita che si dedichino a questi eventi spazi abnormi all'interno dei notiziari.

Ad esempio, pur comprendendo la necessità di fare sì che gli incidenti ferroviari scompaiano dalla faccia della terra, qualcuno dovrebbe spiegarmi l'enfasi e la conseguente onda di panico con cui vengono illustrati e commentati disastri che in totale negli ultimi 5 anni hanno provocato nel nostro paese circa 50 vittime.

Contemporaneamente il fatto che in Italia ci siano tra i 400.000 e i 177.000[2] bambini adibiti a lavori che non potrebbero legalmente

[1] Dati Istat e Inail.

[2] Le stime sono differenti a seconda delle fonti. Per equità, ho voluto citare la più alta, calcolata dall'Ires-Cgil, e la più bassa, fornita dall'Istat nel 2004.

svolgere, rubando così loro l'obbligo scolastico e creando future generazioni di perdenti sociali, è un tema che non trova nessun posto.

Sapevate che in Italia, ogni anno, muoiono sull'asfalto circa 8.000 persone, 300.000 vengono ferite e oltre 20.000 rimangono gravemente disabili?

Ma voi avete mai visto una trasmissione televisiva dedicata a una ecatombe che per proporzioni non ha paragoni con nessuna guerra combattuta dal nostro Paese, a esclusione delle due guerre mondiali?

Che porti a riflettere sull'utilità di produrre automobili che fanno i 200 all'ora in una nazione dove per legge non si possono superare i 150 e in verità su nessuna strada si possono oltrepassare i 130?

O di vendere ettolitri di alcolici nelle discoteche?

In cambio sappiamo tutto sul serial killer delle coppiette che ha ammazzato 17 persone, e in fondo temiamo di poter essere noi le prossime vittime.

Già, meglio tenere un basso profilo e stare in casa tranquilli.

Meglio non usare le vacanze per aprire la nostra quieta esistenza a nuove conoscenze, ma portare le nostre abitudini in vacanza acquistando pacchetti di giorni assicurati uguali a tutti gli altri giorni della nostra vita, dove l'unica discriminante è il sole o la temperatura.

Tralascio le portate di paure che ci vengono servite direttamente a casa in porzioni pantagrueliche su terroristi e assassini di bambini e vecchiette da notiziari televisivi e reportage.

Su meteoriti che sfiorano la terra ed ere glaciali dietro la porta.

Di chi sono queste paure?

Beh, io vi suggerisco di chi non sono.

Sicuramente non sono vostre.

Noam Chomsky[1] ha egregiamente indicato la paura come uno degli strumenti più efficaci perché i governanti e i centri di potere economico, qualsiasi sia il loro colore politico, possano gestire un paese senza intervenire sugli squilibri che potrebbero compromettere i loro profitti.

Ecco alcune righe che potrebbero permetterci qualche collegamento a quanto appena scritto.

[1] Noam Chomsky (1927) è un linguista americano molto noto per le sue prese di posizione politiche, nelle quali ha duramente denunciato la strumentalizzazione della totalità dei mezzi d'informazione statunitensi da parte delle potenti lobby economiche.

> Prima della metà degli anni ottanta, la minaccia era sempre la stessa: i russi. Poi quella minaccia non ha più avuto senso... Alla conquista del mondo ci furono allora i terroristi internazionali, i narcotrafficanti, gli arabi impazziti e Saddam Hussein, il nuovo Hitler, uno dopo l'altro. Spaventate la popolazione, terrorizzatela, fatela sentire minacciata in modo che se ne stia chiusa in casa e non osi spostarsi. Poi ottenete una gloriosa vittoria... Allora ci sarà un sospiro di sollievo: siamo stati salvati all'ultimo minuto. Questo è uno dei modi in cui potete impedire al gregge smarrito di prestare attenzione a quanto sta realmente accadendo, distrarlo e controllarlo[1].

Questo libro non vuole parlare di politica ma solo mettere il lettore nelle migliori condizioni per affrontare un tema denso e pericoloso come quello della paura.

Fornire una vaccinazione che faccia superare i pericoli più gravi.

Nonostante ciò, va detto e sottolineato che la paura è una leva motivazionale molto potente, un "incentivo" come lo definiscono gli economisti.

Dunque, in epoca di democrazia, non potendo imporre certe scelte, è più sicuro e tollerabile spingere gli individui ad accettare, o addirittura a chiedere, queste stesse scelte spingendo il bottone della paura.

La base del meccanismo è nella asimmetria informativa.

Cos'è?

È il fondamento di tutti i rapporti economici, sociali e culturali in cui da una parte ci sia un esperto e dall'altra un profano di una certa materia.

Insomma, l'asimmetria informativa si verifica quando uno dei due ne sa, o dice di saperne più, dell'altro. A questo punto, se l'esperto ha dei benefici dallo svolgimento della sua azione e dal dirigere l'interlocutore verso qualche tipo di scelta, è evidente che il tasto su cui battere è la paura, il timore.

Molto spesso siamo noi a cercare l'esperto, perché ci orienti nelle nostre decisioni e ci dia certezza.

A volte invece si propone prepotentemente accendendo ulteriori necessità da soddisfare: nulla di tremendo, se non avessimo la famosa amigdala che reagisce al nuovo terribile pericolo.

[1] Noam Chomsky, *Atti di aggressione e di controllo*, Marco Tropea Editore, 1999.

In sintesi, “visto che tu non ne sai nulla e io sì, è meglio che tu faccia, dica, scelga questo, altrimenti... non dire che non te l’avevo detto”.

Chi resiste facilmente a questi ricatti basati sulla messa in discussione della nostra sicurezza?

Evidentemente ciò non significa che tutti gli esperti si comportino così. Ci mancherebbe altro.

Ma questo esplodere, questo florilegio di super competenti in qualsiasi sfaccettatura dello scibile umano non vi sembra esagerato[1]?

Come si fa a credere davvero che sia necessario psicanalizzare il nostro animale da compagnia piuttosto che rivedere un po’ il nostro comportamento e magari dedicargli qualche attenzione in più?

Ma soprattutto, le paure che molte affermazioni degli esperti creano, non vi sembrano aggiungere sale su una piaga già abbastanza dolorosa?

Possiamo estendere il ragionamento anche a tutti i rapporti quotidiani.

Ma veramente, se non stipulerò una certa polizza, mi capiterà tutto quello che nemmeno tanto velatamente mi viene profetizzato dall’assicuratore? Che probabilità ci sono?

Ma è vero che se bevo l’acqua del rubinetto diventerò fosforescente?

Quando e dove è già capitato?

Ma quanti di quelli che hanno accettato una nuova responsabilità sul lavoro alla fine sono stati licenziati per incapacità manifesta nell’azienda in cui lavorate?

Dove sono i dati che mi dimostrano che camminare per le strade del mio paese sia più pericoloso che non farlo cent’anni fa?

Quante persone sono morte a causa delle temperature “polari” dell’inverno con cui si sono riempite pagine e pagine di giornali e notiziari?

[1] Tanto per capirci, ribadisco che tutte le volte che un giornalista o qualcuno tenta d’appiccicarmi l’etichetta d’esperto, cerco di ribellarmi e sottolineare che sono esperto nella misura in cui ho visto e vissuto esperienze che alla fine sono solo una piccola parte di quelle possibili. Sembra però, ed è opinione comune anche di molti editori, che nessuno prenda mai in mano un libro, che non sia narrativa, di qualcuno che dice di non essere esperto.

Sapevate che nel periodo 1900-1949 gli omicidi per 100.000 abitanti, in Italia ed esclusi gli eventi bellici, erano 3,2 mentre nel 1950-1994 sono stati 1,5 e nel 2004 sono diminuiti a 1,2[1]?

E qualcuno spiega in modo adeguato che, in Occidente, si deve volare ogni giorno per 19.000 anni prima che statisticamente si possa morire per un incidente aereo[2], e che volare è più sicuro che non qualsiasi altro mezzo di trasporto?

Però non è questa la sensazione.

Badate, non sto dicendo che va tutto bene. Ci mancherebbe altro.

Non va bene per niente. Un sacco di faccende non vanno bene per nulla. Da quelle personali a quelle collettive.

È proprio per questo motivo che le paure vanno passate ad un vaglio importante.

Quello della conoscenza e della veridicità dei dati.

Non possiamo essere esperti di tutto, certo.

Ma non possiamo nemmeno berci tutto e lasciare costantemente che gli altri colmino dei bivi decisionali, tanto più se sono bivi creati ad arte.

La curiosità e la voglia di approfondire sono necessarie per poter avere paura dei fenomeni di cui si deve aver paura, evitando di sprecare energie in paure di eventi che verosimilmente non si verificheranno mai e che rendono poco nitida la focalizzazione dei nostri reali interessi e obiettivi.

Infatti, i due pericoli più terribili legati alla paura sono:

- avere paura del fenomeno sbagliato;
- non agire una volta che lo si abbia individuato.

Non mi voglio soffermare su quali siano i veri problemi sociali da affrontare, non è questa la sede, mi sembra però ovvio leggere un disequilibrio tra ciò che andrebbe curato e ciò che invece ci pressa dai media.

[1] Manuel Eisner, "Secular Trends of violence, evidence and theoretical interpretations", *Crime and Justice: a review of research*, 3 (2003), citato da Steven Leavitt e Sthephen Dubner in *Freakeconomics*, Sperling & Kupfer Editori, 2005.
[2] *Focus*, n° 160, febbraio 2006.

Le paure che ottengo guardando la televisione o leggendo la stampa popolare non sono quelle che in realtà mi minacciano.

Mi accorgo che la paura è virulenta e che noi siamo degli animali spesso predisposti all'infezione.

Viviamo in gruppi, e quando qualcuno ha la possibilità di comunicare un pericolo imminente fa scattare un allarme che sempre di più, invece che venire esaminato e vagliato per contrastarlo – se veramente necessario –, si altera in un travolgente panico.

Il punto è poterlo comunicare efficacemente, non che la minaccia sia concreta.

Mentre mi accorgo che altre minacce, che non colgo mai nei talk show o nella cronaca, sono veramente pendenti come affilate spade di Damocle sulla mia testa[1].

Sono queste le paure che, come quando mi trovo davanti a un burrone, dovrebbero rappresentare un buon motivo per fermarmi, indurmi ad agire, prevenire, superare, cambiare strada.

Lasciamo perdere cosa dovrebbero fare i nostri governanti.

Loro sono lo specchio della popolazione e degli elettori.

Parliamo di noi.

Le paure sono soggettive, esse nascono da filtri personali e, come sto asserendo dall'inizio di questo capitolo, anche da manipolazioni strumentali della realtà.

Se vogliamo davvero gestire la paura, dobbiamo sottoporre le minacce che percepiamo, soprattutto quelle che arrivano dai media, al vaglio della nostra intelligenza.

Non accontentandoci di dati di seconda mano o dei "dicono che", "sentiamo il parere di un esperto", "una indagine ha dimostrato".

Chi sono i produttori di questa paura?

Che interessi personali hanno?

A quali interessi economici sono legati?

Insomma, "Cui prodest?"[2].

Ma soprattutto chiedetevi se voi ne beneficiate.

Aver paura della concorrenza economica e produttiva del mondo orientale è un bene.

[1] Ne parleremo nel capitolo dedicato alle ipotesi sul futuro.

[2] *Cui prodest* significa "A chi giova?". Si dice sia da fare risalire a un giudice romano, Cassio Longino. Molto severo, egli era solito affermare che, per scoprire il colpevole, è necessario ricercare chi beneficia del crimine.

Ci stimola a fare di meglio.

Temere il glutammato monosodico[1] e i ristoranti cinesi non ci stimola nemmeno un po' ad agire per il meglio.

Ma quanto se n'è visto e sentito dell'uno e dell'altro fenomeno?

Perlomeno nella stessa quantità, ma il secondo è stato presentato in modo più terrorizzante.

La salute è la salute.

Adesso è il momento della paura dei polli. Domani qualcos'altro.

Tutto ciò, lo ripeto, distoglie solo l'attenzione dalle paure più utili.

In cambio odieremo un po' di più una civiltà che probabilmente non conosciamo, anziché cercare una proficua contaminazione, e sposteremo parte dei nostri pasti e consumi a vantaggio di qualche altro ristoratore.

E la nostra posizione di debolezza rimarrà esattamente uguale, visto che nel frattempo ci siamo disinteressati d'identificare le paure vere.

Quelle relative alla nostra preparazione ad affrontare il nuovo.

Quelle relative a mettere in discussione abitudini e stili di vita.

Quelle relative a competenze differenti da acquisire ed inventare.

Quelle relative alla mobilità professionale e alla responsabilità del nostro futuro.

Quelle che si riferiscono a una certa polarizzazione dei redditi e ci indicano che, se non poniamo in essere azioni creative, potremmo andare ad ingrossare quella parte di popolazione che già si ritrova alle prese con lavori marginali, precari e sottopagati.

Il processo è in atto, con buona pace di chi governa, a prescindere dal colore del partito, e ho forti dubbi sulla capacità degli organismi nazionali di ovviare al problema.

Evidente che la responsabilità prima della nostra sicurezza risiede in noi stessi e nelle nostre capacità di comunicare ed agire.

[1] Il glutammato è stato "processato" per la cosiddetta "sindrome del ristorante cinese", una emicrania che in alcuni casi si verificò in individui che avevano pranzato in ristoranti cinesi che fanno largo uso di questo sale. Il glutammato è uscito innocente dalle accuse, a più riprese. Le popolazioni asiatiche assumono da 3 a 5 volte la quantità di glutammato che assumiamo noi occidentali, senza alcun problema di tollerabilità. Che poi mangiare chilogrammi di glutammato, prima o poi, faccia male, mi sembra evidente, ma succede anche con il pane o l'acqua.

Se c'è, e io credo ci sia, un significato positivo da attribuire alla paura, è quello che essa ci procura uno stimolo forte all'azione.

I venditori di paura sono ovunque.

In ufficio, a casa, per la strada, in treno, in autobus, al parco, al bar.

Vendono terrore e panico.

E con esso immobilismo o fuga.

Oltre che nei media, li troverete nel collega o nell'amico che si è adeguato a questo andazzo e che pensa che la società sia ormai fuori controllo e che l'umanità sia un coacervo di stupratori, approfittatori pedofili, truffatori, drogati ed extracomunitari violenti e assetati di sangue.

Che inevitabilmente trasforma il posto di lavoro in un lager fatto di capi pronti a punirlo, degradarlo, licenziarlo.

Ai quali risponde con una sottomissione sterile, camuffata magari da buona volontà.

Ma che invece è priva di reale impegno e voglia di migliorare.

Questo vostro collega è un figlio, anzi un prodotto della cultura della paura.

Un organismo geneticamente modificato per generare profitti a comando ed evitare domande o atteggiamenti scomodi che interferiscano con gli obiettivi di chi comanda la società.

Che spende tempo e denaro per proteggersi dall'influenza con un vaccino che funziona nel 60 per cento dei casi solo contro l'influenza e non contro gli altri 200 fra virus e batteri che colpiscono gola e polmoni nello stesso periodo dell'anno. E al contempo non si mobilita per fermare la strage di circa 100.000 persone che ogni anno in Italia muoiono a causa del fumo.

(Dimenticavo... forse fuma).

È preoccupato all'inverosimile per le code ai caselli durante gli esodi estivi e per le nevicate sull'Appennino o per l'acqua alta a Venezia.

Non per la sua scarsa competitività.

Non per la sua ormai perduta propensione a viaggiare per trovare un lavoro o imparare una lingua straniera.

Per il suo lento andare fuori moda a favore di individui più affamati, energetici, disponibili a mettersi in gioco.

Convinto di avere diritto all'agio di cui ha goduto finora.

Non angosciato per la piega che il sistema economico sta prendendo e che prevede come unica legge quella del profitto senza regole.

Ma per gli arrivi degli scafisti con il loro carico di umane disgrazie.

Se sarà questo l'atteggiamento, la stragrande maggioranza di noi sarà la nuova classe di domestici dei pochi futuri miliardari.

Capite di cosa si deve avere timore?

Non della perturbazione e dei bollettini meteorologici che occupano ormai metà dei telegiornali.

D'altronde, che azioni si possono prendere per cambiare il tempo?

Mi sembra un buon modo per tenere tranquilla una nazione.

Beh. Non posso dirvele io, altrimenti negherei l'essenza di questo capitolo. Decidete voi le vostre paure.

Guardate, leggete, approfondite, chiedete.

Non fatevi servire un comodo pasto di ansia preconfezionata.

Cucinatevelo voi se volete ottenere del nutrimento sano, e soprattutto adeguato ai vostri scopi.

Le mie paure potrebbero non essere le vostre.

Potrebbero.

In verità penso che le vere paure di cui temere, i veri mega-trend del terrore, siano molto ben identificabili.

Alcuni riguardano la grande maggioranza della popolazione occidentale, altri quella del terzo mondo, altri ancora tutti gli abitanti del pianeta.

So che esistono due antidoti a queste paure.

Il primo è l'onestà di riconoscersi i primi responsabili della propria salvezza.

Il secondo la capacità di allacciare alleanze e collegamenti con altri individui nella stessa posizione per difendere interessi comuni.

In assenza di questi antidoti, si rischia di essere carne da macello di fronte alla concentrazione di potere e di ricchezza nelle mani di pochi.

Ma ora vi lascio del tempo per prendere un foglio bianco, una matita, mettervi tranquilli a rispondere alle domande:

1. "quali sono le vere minacce al mio futuro e al futuro dei miei figli, e quali quelle che mi vengono imposte da altri?"

2. “come posso modificare questa situazione?”
3. “cosa devo fare oggi per iniziare ad influenzare le cose?”

Sono buone domande, e solamente dalle buone domande arrivano buone risposte.

Ma, come qualcuno che già mi ha letto sa, sono un po’ ossessionato dallo scrivere.

Quindi scrivete, troverete più materiale di quanto pensiate.

Se poi mi mandate una e-mail, ne possiamo anche discutere.

6. Breviario a uso degli ansiosi. Affrontare l'ansia nelle organizzazioni, limitarne i danni e sfruttarla al meglio

Quando riesci ad ammettere almeno a te stesso che sei terrorizzato, cominci a riguadagnare il controllo. Puoi ricominciare a decidere per te stesso. La paura non scompare, ma il suo potere su di te si dissolverà.

James McCormick[1]

C'è davvero poco da fare.

Chi scrive si rende conto che in qualunque organizzazione la paura, e l'ansia correlata, sono forze che difficilmente scompaiono.

Possono scemare ed essere combattute e tenute sotto controllo.

Imbrigliate come i fiumi che a volte però rompono gli argini.

Transitano da individuo a individuo in un vorticoso passaparola e, filtrando attraverso quel singolo individuo, si ingrandiscono piuttosto che rimpicciolirsi.

Si arricchiscono di dettagli destabilizzanti e preoccupanti.

Vengono tradotte in mille dialetti adattandosi, come virus mutanti, alle richieste dei fantasmi più richiesti e temuti.

Un'organizzazione che non mostri al suo interno ansia, o sta benissimo, e quindi la domanda è "quanto durerà?", oppure è in una condizione di monopolio.

Ma l'ansia è la figlia schizofrenica della paura.

Dovrebbe segnalare attenzione e invece si contorce e si agita, si inabissa e si ripete ossessivamente in replay infiniti di rimorsi e rimpianti passati o di ipotetici terribili futuri.

L'ansia ci pone di fronte uno specchio da cui emergiamo deformati.

Troppo sbagliati o troppo giusti. Comunque fuori posto.

Il cervello si ottenebra.

Voglia di scappare.

[1] Professional speaker e autore motivazionale, www.JamesMcCormick.com.

Dubbi atroci circa le proprie capacità.

Creazione di scenari terribili.

Sensazione di non avere possibilità.

Continui e dolorosi confronti con persone e situazioni.

Sintomi fisici allarmanti.

Un indicatore molto evidente agli occhi di tutti, meno che ai nostri, è la perdita di obiettività.

L'incapacità di vedere le cose per quello che sono realmente, e comunque l'incapacità di rimanere "centrati".

Non è così strano. Tutti conviviamo con l'ansia ma, quando prende il sopravvento, fermiamo la nostra risposta creativa ed intelligente.

E precipitiamo nel baratro.

Personalmente l'ho sperimentato il giorno in cui ho abbandonato il mio primo lavoro per abbracciarne un altro in un campo totalmente diverso.

E la mia impreparazione su come gestire dei nuovi prodotti, un nuovo capo e, soprattutto, il mio cervello, produssero uno sconquasso che ancora non ho dimenticato.

Notti insonni, lunghi tragitti per decidere se recarmi o meno al lavoro, vomitare di nascosto durante i pranzi di lavoro, lamentele pietose con chiunque fosse disposto a prestare un orecchio, e lunghi pianti su chi mi dava una spalla, maldicenze reciproche e liti plateali.

Naturalmente, risultati orribili anche professionalmente.

Le performance a picco, l'odio o le prese in giro dei colleghi.

E più spingevo, più ero preda dell'ansia.

Più mi muovevo, più mi ritrovavo incartato.

La paura mi attanagliava, con il risultato che ogni piccolo segnale mi sembrava confermare che ero sbagliato. Sbagliato io nel posto sbagliato, al momento sbagliato.

Sbagliato era l'atteggiamento.

Ne parleremo fra poco.

Non è stata una recuperata maturità a salvarmi da quella situazione, ma gli sforzi premurosi di mia moglie: forse aveva percepito che ero solo una pianta messa a dimora in una serra sbagliata.

Non voglio certo dire che per forza dobbiate avere una moglie affettuosa per evitare certi errori, anche se vi auguro di avere sempre dei buoni consiglieri.

Vero è che spesso, come succede per tante paure della vita, assistiamo a uno scemare automatico della paura mano a mano che l'esperienza paurosa si ripete.

È come la paura delle discese con gli sci.

Si tenta, si cade, si ritenta. Alla fine la maggioranza delle persone riesce a dominare la paura e fare ciò che vuole, ovvero sciare.

Ma non è sempre così, e non in tutti i frangenti.

Il fatto che abbiate questo libro in mano ne è quasi certamente la prova.

Non c'è verso di scappare l'incontro con l'ansia, specialmente sul posto di lavoro, e gran parte della qualità dei nostri risultati e della nostra vita dipenderanno da come affronteremo questo appuntamento.

Ma anche se siete studenti, o membri di un partito, o di una band musicale, di un comitato di genitori, o del consiglio di quartiere, le cose non sono poi così diverse.

Negoziare con l'ansia è necessario.

Nelle organizzazioni in cui l'ansia prende piede si verificheranno situazioni sbilanciate.

Capi tirannici oppure lassisti che chiederanno report maniacali o non li domanderanno per nulla.

Peso eccessivo sulla forma, oppure disinteresse per ogni procedura.

Diffusione di qualsiasi informazione a qualsiasi livello, oppure mantenimento del segreto anche su come funzionano le fotocopiatrici.

"Siamo tutti una famiglia"; oppure "ognuno per sé, Dio per tutti".

Attività frenetiche e senza sosta o lunghi periodi pigri e indolenti.

Direttive scarse oppure montagne di procedure anche per accendere il computer.

Tutte situazioni che conosciamo.

È il disorientamento che la pressione e lo stress spesso causano, specialmente in momenti di calo della domanda, di entrata di nuovi concorrenti, di costi da tagliare, di efficienza da ritrovare.

L'ansia lascia evidenti segni.

Harriet Lerner identifica, nel suo libro *The dance of fear*"[1], cinque principali modi di reagire all'ansia:

1. criticare e biasimare;
2. diventare iperattivi o, meglio, sovra-attivi nel cambiamento;
3. diventare ipoattivi o sotto-attivi nel cambiamento;
4. prendere le distanze;
5. parlare male alle spalle, anche se in inglese il verbo "to gossip" rende meglio l'idea.

Mi ritrovo a concordare con la psicologa americana, anche se a dire la verità il punto 3 mi lascia perplesso.

Molto spesso l'ipoattività è più sintomo di una pigrizia mentale e fisica che nemmeno l'ansia e le paure più terribili riescono a scalfire.

Un atteggiamento volontario e di rinuncia che mira a salire sulle spalle degli altri piuttosto che proporsi di risolvere i propri problemi.

A parte questa nota, vi chiedo di fare una rapida carrellata e vedere di ritrovare comportamenti vostri o dei colleghi tra quelli citati.

Sono certo che sarà facile.

Partiamo dalla attività di critica e di biasimo.

È probabilmente l'attività più spontanea quando ci si trova sotto pressione, e non è detto che non funzioni.

Demolire e accusare la controparte mettendola in un angolo dà sollievo.

Il punto è se questo aiuterà a risolvere la situazione sul lungo periodo.

Spesso non è così; e l'aggressività che sfoghiamo, come una locomotiva a vapore quando fischia, è solo generatrice di ulteriori stress ed ansia.

Cosa farà domani l'oggetto del nostro attacco?

In queste circostanze è sempre meglio riflettere prima di agire.

Io mi dico e chiedo alle persone che lavorano con me di contare fino a 10.000 prima di reagire in situazione di stress.

Ho notato che quasi mai poi si procede come si avrebbe voluto e, anche se non avrò mai la controprova, ho assistito ai danni prodotti da questo genere di comportamenti.

[1] Harriet Lerner, *The dance of fear*, Perennial Currents, 2005.

La ricostruzione della fiducia, quando ci si è lasciati andare a critiche impulsive, è cosa difficile e costosa.

Ricucire amicizie o rapporti incrinati da biasimi è tanto più complicato quanto più i rimproveri sono stati aggressivi e nervosi.

Fate attenzione, quindi.

La modalità è tutto ma, anziché concentrarvi su ciò che un altro o altri hanno fatto di sbagliato e riprenderli aggressivamente, concentratevi e discutete solo del risultato che volete e volevano ottenere.

Le critiche diverranno incidentali e nessuno si farà male.

Diventare iperattivi nei cambiamenti è tipico delle persone che sanno di avere capacità ma che per qualche meccanismo mentale e, probabilmente per esperienze precedenti, presumono che il mondo possa essere salvato solo attraverso la loro intercessione e il continuo cambiamento di qualsiasi ordine anche appena costituito.

Essere ossessionati dal controllo, e divenire degli esaminatori e accentratori tormentati e tormentanti, ostacola la propria carriera e lo sviluppo dell'organizzazione.

Il fatto che anche Alessandro Magno, Cesare, Napoleone, abbiano lasciato questo pianeta senza che l'equilibrio dello stesso ne sia stato toccato dovrebbe funzionare da calmante.

Provate a dirvelo qualche volta al giorno.

Il punto è che l'iperattività sottopone i colleghi ad un perenne senso d'inferiorità e nello stesso tempo non sempre garantisce qualità alle proprie azioni.

Destabilizza di frequente l'organizzazione, che spesso poi concepisce la persona come un problema piuttosto che come un solutore.

Sorvoliamo sulla percezione di continua instabilità che una persona con questo tipo di reazione all'ansia procura a capi e sottoposti.

È l'altra faccia di chi invece non reagisce più e dimostra una **ipoattività** devastante.

Mentre uno si muove in modo esagerato, l'altro è un cadavere o un ferito grave.

Uno tarantolato, l'altro paralizzato dal veleno dello stesso scorpione.

L'ansia.

Io ho una certa preferenza per gli iperattivi, perché vedo negli ipoattivi i germi della loro scomparsa e forse anche quelli della scomparsa dell'azienda di cui fanno parte.

Ma ciò non toglie che ambedue le risposte allo stress lavorativo abbiano i loro lati negativi.

L'unico antidoto è ancora una volta la capacità di guardarsi dentro e chiedersi se tutto ciò ha un senso nel lungo periodo.

È solo un modo per non pensare alle conseguenze, non per garantire risultati qualitativamente ottimi.

Come chi si allena senza tregua per poi non partecipare alla gara vera perché troppo sfinito.

O chi si allena troppo poco, o per niente, e sarà subito doppiato.

Serve il giusto mezzo.

Propensione al cambiamento e al controllo.

Non ossessione.

Quanto al prendere le distanze da colleghi e fonti di stress, devo dire che questo è un comportamento molto diffuso.

Allontanarsi o comunque tentare d'isolarsi quando ci si sente sotto pressione è un metodo che ha a che fare con l'istinto primordiale di scappare.

L'amigdala è la responsabile.

Di solito un comportamento di questo tipo aggiunge problema al problema.

Anziché diminuire lo stress, tende ad accrescerlo soprattutto per la cattiva percezione che capi e colleghi hanno di chi si tira fuori dalla mischia.

Potete evitare di socializzare con la gente attorno a voi, rimanere ai margini delle discussioni, non andare alle cene aziendali o alle feste di compleanno, ma tutto quello che otterrete sarà un impoverimento del contenuto emotivo dei rapporti umani.

Una scorciatoia verso la depressione.

Un metodo efficace per sentirsi sempre più inutili e morenti.

Per perdere quelle connessioni che generano creatività e con essa buoni spunti per risolvere i vostri problemi e quelli degli altri.

Un buon suggerimento è quello di selezionare e decidere quali sono le situazioni da cui non dovete mancare, pena le conseguenze negative appena citate.

È evidente che allontanarsi da situazioni penose porta quantomeno una assenza di stimoli ansiogeni, però è anche vero che a volte mancherete da eventi che invece sul lungo periodo potrebbero esservi utili. Alla vostra crescita, alla vostra carriera, al vostro benessere e, in buona sostanza, al vostro futuro.

Solita storia, sollievo a breve, sofferenza a lungo; e viceversa.

Ma non è sempre così.

Ci sono vie intermedie in certe situazioni e vi consiglio, prima di dire no, prima di assentarvi da discussioni, incontri, colloqui, di valutare bene se sarà così drammatico essere presenti.

Gli assenti, più per logica che per principio, hanno sempre torto e, come diceva Vincenzo Gioberti[1], «perdono il diritto di reclamare».

Potreste avere qualcosa di fondamentale da dire o da ascoltare per essere meno ansiosi ed impauriti la prossima volta, e nessuno lo farà per voi.

Ultimo punto è quello più contagioso e diffuso negli ambienti aziendali.

Parlare male e spettegolare.

In assoluto è lo sport più rilassante, ciò che consente di sbollire la rabbia, le frustrazioni, i malumori.

Una sorta d'esorcismo, una formula magica per proteggersi dal risentimento.

Come ripetuto in altre occasioni, nulla di drammatico se ciò avviene in modo equilibrato.

Beh... meglio dire "contenuto".

Ricerche di Università importanti come la Boston Northeastern University[2] mettono in luce la normalità di «scambiare notizie riservate in assenza delle persone a cui fanno riferimento ma quando il parlare male di capi e colleghi diventa "la maniera" di reagire agli eventi aziendali, soprattutto ai cambiamenti, allora le conseguenze per chi mette in atto tutto ciò sono peggiori dei benefici».

Notate che non sto dicendo che non va bene parlare con altri dei propri problemi di coesistenza sul luogo di lavoro.

Ma un conto è chiedere suggerimenti e consigli, un conto è diffondere maldicenze.

Così non si aggiunge nulla agli elementi risolutivi.

[1] Vincenzo Gioberti (1801-1852) fu un politico e filosofo impegnato nella costruzione dell'Unità d'Italia.

[2] Jack Levin e Arnold Arluke, *Gossip: the inside scoop*, Plenum Pub Corp, 1987.

Se avete un problema con qualcuno, affrontate il problema con quel qualcuno.

Usate un po' di tatto.

Mantenetevi sul problema.

Non mescolate la persona con la faccenda, rimanete sui fatti.

Ma evitate che arrivino voci che riportano i vostri commenti.

Personalmente uso sempre questo approccio quando mi sento sotto pressione da qualcuno o qualcosa.

Cerco alla fonte e chiedo un colloquio.

Ma questo lo faccio solo da quando ho notato che i risultati sono assolutamente migliorativi rispetto al vuoto lamentarsi con individui che alla fine sono estranei alla soluzione del problema.

Mi sono anche accorto che questa attività sfinisce.

Assorbe tanta e tale quantità di energie da esaurire la forza vitale.

Ho anche notato, tra l'altro, che spesso le stesse persone con cui ci si lagna debbano o vogliano invece andare d'accordo con l'oggetto della lamentela.

In questo caso non credete che, oltre a metterli in difficoltà, state chiedendo comprensione a chi non può darvela?

Per finire, vi consiglio sempre d'acquisire tutte le informazioni possibili circa la paura che vi affligge.

Se, ad esempio, siete preoccupati per il futuro del vostro posto di lavoro in relazione ad una ipotetica ri-localizzazione, e questa paura sta diventando davvero troppo pesante da sopportare, cercate informazioni.

Chi pensa che siate di troppo, e quando è stata espressa questa necessità?

Per saperlo avete fissato degli incontri con dei responsabili per cercare chiarimenti?

Che possibilità hanno di sostituire il vostro lavoro?

Che tempi sono previsti?

Chi è nella vostra identica condizione?

Che alternative ci sono all'interno della azienda?

E fuori?

Come si è comportata in casi similari l'azienda?

Queste sono solo alcune delle informazioni che renderanno di dimensioni accettabili e gestibile una situazione psicologica che, lasciata in mano all'amigdala, rischia invece di degenerare.

Stesso esempio potremmo fare con un imprenditore spaventatissimo dalla nuova concorrenza.

La cosa da fare è cercare informazioni, tante informazioni sul tema, oggettive informazioni sulla materia.

Più si conosce, meno si ha paura, meglio si reagisce.

Potete iniziare da domani mattina se volete, i risultati non si faranno attendere.

7. Fase 1: Cambiare opinione sulla paura

> La paura non è mai una realtà concreta, esiste prima o dopo il presente in atto. Quando c'è la paura nel presente in atto si tratta davvero di paura? La paura nasce quando si evita la realtà, quando si fugge. Allora, la fuga in sé è paura.
>
> Jiddu Krishnamurti[1]

Uno dei motivi per cui ho deciso di scrivere questo libro è la mia personale esperienza con molte delle più comuni paure.

Quelle che assillano tutti.

Quelle che implicherebbero un nostro cambiamento, come la paura d'affrontare gli estranei, quella di parlare di fronte a più persone, quella di chiedere un aumento, quella di cambiare lavoro, di lasciare o non trovare il partner, di trasferirsi, d'imparare una lingua straniera oppure di pubblicare un libro.

Ma anche quelle che invece non richiedono nulla a noi e ci capitano.

Come la paura di perdere una persona cara o la paura delle malattie, la paura della morte o degli incidenti, la paura di una crisi economica o il terrorismo.

Come non bastasse, abbiamo paura di non essere all'altezza, di rivelarci impreparati, di venire giudicati male, di deludere chi ha fiducia in noi.

Paure che hanno a che fare con quelle esperienze di rifiuto precoci di cui abbiamo detto nel primo capitolo, che hanno avuto come esito comportamenti protettivi.

"Mi hanno deriso le prime volte che ho tentato di fare amicizia con degli estranei, ora è meglio che me ne stia per i fatti miei".

Ragionamento limitante ma almeno rassicurante.

Ecco, di frequente è accaduto anche a me.

[1] Krishnamurti, filosofo e pensatore, nacque In India nel 1895 e morì in California nel 1986.

Mi mancava sempre la risposta giusta alla domanda: **"Come farò ad affrontare quello che succederà dopo avere fatto quello che voglio fare?".**

Non so se mi mancava la risposta, o se nemmeno mi ponessi la domanda, o addirittura non sapessi nemmeno della possibilità di pormela.

Fatto è che per molto tempo ho avuto molte paure inutili.

E ne ho ancora, intendiamoci.

La risposta alla domanda, se c'era, mi parlava di scenari terribili, di disgrazie che non avrei potuto sopportare.

Quindi stavo fermo.

Non agivo e ristagnavo.

Ho sperato che se ne andassero da sole, ma mentre in effetti alcune paure muoiono, contemporaneamente altre nascono, più consone alla nostra evoluzione, e ci accompagnano per un altro pezzo di strada.

Appena riusciamo a superare la paura di non essere all'altezza del compito che abbiamo avuto, appena ci calmiamo perché vediamo che era del tutto alla nostra portata, ci sentiamo pervadere dalla paura del prossimo incarico.

La stessa cosa avviene con gli esami universitari: appena finita la paura di uno, inizia quella del prossimo.

Con l'educazione dei figli, con la sicurezza economica, con l'acquisto della casa.

La paura cambia faccia. Ma ci accompagna sempre.

Non esiste una vita senza paura. Esistono però vite che sanno guardare alle paure cogliendone il messaggio che esse portano, oppure ci sono esistenze che si fanno imprigionare in un carcere senza mura, dove le paure somigliano a pesanti palle di ferro legate alle caviglia.

Mi è appena successo, pochi minuti fa. È un sabato pomeriggio di inverno, un importante agente di una delle reti vendita che dirigo mi ha telefonato per informarmi che un cliente di notevole peso ha preannunciato seri problemi di pagamento delle forniture per un suo dissesto interno.

In sé questa notizia, per le dimensione del problema potenziale, è tale da far tremare le vene ai polsi, miei e dell'agente.

Se aggiungete la situazione di totale impotenza in cui ci si trova al sabato[1] pomeriggio, la reazione più canonica sulla quale mi viene da accasciarmi è quella di provare un bel po' di paura ed ansia.

Che magari rotolino, durante il week-end, lungo la china dell'angoscia e che mi distruggano quelle ore in cui è mia volontà procurare gioia e serenità alla mia famiglia, ai miei amici, a me stesso, senza nel contempo portare ad un qualsiasi cambiamento concreto nella questione del cliente.

Un gioco in cui si perde su tutti i fronti.

Appena riagganciato, l'occhio mi è caduto sul giornale. Sfogliandolo, a pagina 5, trovo la biografia di un uomo in fin di vita.

Soldato valoroso diventato quindi un importante graduato.

Parlamentare e consigliere alla sicurezza del suo paese.

Ministro dell'agricoltura.

Ministro della difesa.

Ministro delle costruzioni.

Primo ministro.

Fondatore di un nuovo partito.

Guerra dei sei giorni, Libano, Sabra e Shatila, Gaza, Spianata delle Moschee, intifada...

Si chiama Ariel Sharon.

Si chiama Ariel Sharon, ma ora a chiamarlo è solo una emorragia cerebrale.

Quante paure e timori avrà affrontato?

Al di là del giudizio storico e politico, che non interessa a queste pagine, qualcuno coglie un nesso tra il cliente che non pagherà e Sharon che non tornerà sui passi che ha già percorso?

Sicuramente, se il cliente non può o non vuole, non pagherà, che io mi impaurisca o meno.

Forse potrei sviluppare delle alternative, riflettere e cercare possibilità, ma come potrei se i miei neuroni sono scossi da ondate di panico.

Il mondo non si ferma per Ariel Sharon e non si fermerà per me.

[1] Il sabato pomeriggio sono sconsigliati quasi tutti gli eventi in cui un uomo può normalmente incappare, come ad esempio avere mal di denti, rompere la caldaia, cercare un meccanico o risolvere un problema di pagamenti con un cliente. Un'opportunità di marketing pazzesca per chi prima o poi ci penserà.

Permettersi di farsi portare troppo al largo dalla paura è quasi una forma di arroganza.

Un abdicare alla possibilità che abbiamo di influenzare le cose nel poco tempo a disposizione per le nostre esistenze.

È davvero così improponibile ragionare un po' di più sulla paura e osservarla?

Alla ricerca della sua stretta connessione con ciò che crediamo, e quindi molto meno autonoma di quello che siamo abituati a pensare?

No, non è improponibile, richiede sforzo, e mi propongo di farlo con chi di voi terrà duro fino alla fine del libro.

Penso di essere riuscito a sviluppare un diverso rapporto con alcune paure che mi affliggevano, e devo dire che mi sento molto meglio di un tempo.

Certo, c'è ancora del lavoro da terminare, ma i presupposti mi sono sembrati così buoni da volerli condividere con voi.

Allora, ritorniamo sull'argomento.

Mi appare evidente che le paure non destano le stesse reazioni in tutte le persone.

Ma quale meccanismo scatta quando, di fronte alla stessa "minaccia", gli individui reagiscono in modo diametralmente opposto?

Durante le presentazioni dei miei libri, e nel corso dei seminari di crescita personale che tengo, mi sono imbattuto molto spesso nel terrore che le nuove realtà economiche dell'estremo Oriente destano.

In effetti la globalizzazione, di cui il fenomeno delle nuove economie è parte integrante, rappresenta per noi contemporanei quello che l'oceano raffigurava per gli antichi dopo le colonne d'Ercole.

Un grande "boh!", direbbe Jovanotti scrittore.

Ho potuto distinguere tutte le sfumature della paura, da un lieve disagio fino al panico più esagitato, e la negazione è sempre stata la risposta più comune alle mie sottolineature.

Un po' paradossale.

Se hai paura e lo ammetti, puoi iniziare a cercare una via d'uscita o, perlomeno, immaginarla.

Ma se non puoi ammetterlo, di sicuro nemmeno cercherai uscite.

Preso come sei dal dimostrarti e dimostrare che tutto sommato tutto va bene anche se non sei soddisfatto e il tuo istinto e il tuo stomaco ti tirano dall'altra parte.

In verità questo fenomeno è solo uno dei grandi cambiamenti che da sempre le tecnologie o i nuovi sistemi economici e sociali, le nuove filosofie o le nuovi religioni procurano quando si diffondono oltre una certa massa critica.

Non è il primo, probabilmente non sarà l'ultimo.

Scatenano paure, panico, e nuove energie.

Ne parleremo più avanti, visto l'impatto che sta avendo tutto ciò sulle nostre abitudinarie e spesso pacifiche esistenze.

Per ora mi basta ricordare il signore che si alzò e se ne andò.

Avevo appena affermato che la grande maggioranza dei presenti era al mio seminario perché aveva paura.

Si sentì offeso.

Anche se, naturalmente, non era mia intenzione, si era sentito insultato.

Disse qualcosa sul fatto che lui non aveva mai avuto paura in vita sua, e che non era lì per farsi dare la lezione[1], e se ne andò.

Aveva una piccola azienda di componenti metallici, mi spiegarono i presenti, e ultimamente la concorrenza cinese lo stava mettendo alle corde e i figli non sembravano interessati a continuare il suo lavoro.

Non ho saputo più nulla di lui e della sua azienda, e spero che abbia trovato la sua strada.

Ma le premesse personali, oltre al contesto competitivo, non erano buone, anche se mi duole dirlo.

L'abilità di gestire il cambiamento, in qualsiasi direzione esso ci porti, è motivo di vita o di morte delle organizzazioni. Ci sono conseguenze evidenti nel fallire e rimanere attaccati a rendite di posizione preferendo mantenere la situazione.

Negli anni '60 le aziende della lista *Fortune 500*, che elenca le imprese statunitensi più grandi, erano un gruppo monolitico che raramente cambiava. Nella prima metà degli anni '90 più del 35% della lista era scomparso.

Mi sembra sintomatico. Se dei giganti dell'economia con profitti e bilanci positivi scompaiono, è perché, pur non potendo generalizzare, molti di loro non hanno saputo sfruttare, cavalcare, prevenire i cam-

[1] Anche se i miei seminari sono molto poco "autoritari", è evidente che perlomeno la disponibilità ad ascoltare sarebbe indicata per ottenere il meglio. Per i successivi mi sono organizzato in modo da evitare queste situazioni. C'è sempre da imparare.

biamenti, che nonostante la loro opposizione concettuale sono avvenuti.

È fondamentale riconoscere il sentimento della paura.

Cosa che il signore menzionato prima non faceva.

Però solo così possiamo procedere a piantare degli importanti picchetti nella scalata verso una coesistenza serena con le paure.

Da questo discende un fondamento senza il quale tutto quanto avete letto finora è inutile.

"La responsabilità di tutto quello che provo è mia, come mia è la responsabilità di tutto ciò che faccio"[1].

Questa è la frase fondamentale da scrivere sul retro di un vostro biglietto da visita e tenere nel vostro portafoglio.

Scommetto che siete un po' stupiti.

Lo sapevate già.

Bene, una fatica risparmiata.

Anche se un dubbio mi assale: se la sapevate già, avreste dovuto applicarla.

E questa regola, se applicata, libera immediatamente la testa e il cuore dalla paura di sbagliare decisione circa un'azione o il sentimento che si prova verso un evento.

E allora, perché acquistare questo libro[2]?

Attenzione, non si dice "la responsabilità di un po' di quello che provo o faccio", si dice di "tutto".

Forse l'inghippo è qui.

Se agiamo secondo questo importante fondamento, sappiamo anche come affrontare le paure, ma soprattutto sappiamo che le azioni che adotteremo ci porteranno ad uscire dal timore o dall'ansia perché saremo interessati solo ai risultati, e i dubbi verranno accantonati.

[1] Tengo a ribadire che siamo sempre nel campo delle paure e non delle fobie e delle paure eccessive. Queste ultime sono influenzate da fattori sia genetici che ambientali, e la medicina e la psicologia hanno testimoniato quanto difficile sia, per chi ne viene colpito, assumersene la responsabilità. Quindi attenzione! Quanto letto e quanto leggeremo si applica alle paure non fobiche.

[2] Sto scherzando: a meno che non siate miei amici o miei parenti, l'avete acquistato per lo stesso motivo per cui acquisto centinaia di libri anche io. Perché essere sempre responsabili è difficile, e a volte ci serve una spinta.

E i risultati non attesi, o non in linea, saranno solo risultati non attesi o non in linea.

Niente di più. Non fallimenti o tragedie.

Solo risultati difformi da cui imparare lezioni.

Siete sempre più stupiti, mi sa.

Ma è così.

Pensate, niente di cui avere paura: perché il capo siete voi, quello che accade lo avete deciso voi ed è giusto per definizione. Potrà avere dei costi ma non generare paure.

Potrà impensierirvi ma non impaurirvi. Potrà sfiancarvi ma non angosciarvi.

Se accettiamo che la responsabilità sia sempre nostra.

Nel bene e nel male.

È nostra anche quando accettiamo di sottostare a un capo aggressivo o a un partner violento, quando rimaniamo attaccati ad abitudini malsane e quando evitiamo di parlare in pubblico.

Quando accettiamo supini il fatto che qui non c'è lavoro, quando pensiamo che gli altri siano sempre più meritevoli di noi, o che tanto quei chili non li butteremo mai giù.

"E tutto quello che non è sotto il mio controllo, che ne so, la paura del terrorismo?".

Lo abbiamo detto. Alcune paure non sono passibili di azioni ma solo di reazioni, essere totalmente responsabili significa avere coscienza che le reazioni sono figlie nostre.

E di nessun altro.

E che se agiamo o reagiamo in modi che poi non ci portano felicità, è perché da qualche parte, conscia o inconscia, abbiamo motivi che compensano tale rinuncia.

Quindi siamo sempre responsabili.

Anche quando ci sentiamo impauriti dal terrorismo internazionale, la responsabilità di ciò che sentiamo è nostra.

Anche quando ci dicono che le importazioni di prodotti dall'Estremo Oriente sta facendo morire le imprese locali, la responsabilità di ciò che sentiamo è nostra.

L'alternativa all'essere responsabili è nel senso d'impotenza denso di lamentele, in cui molti si accoccolano tremanti gridando il loro insulto verso il prossimo, reo di non averli aiutati, fatti crescere, difesi, sfamati, avvertiti.

Sono estremamente convinto della necessità di sviluppare in modo cooperativo e solidale i rapporti tra gli individui, e ancora di più sostengo la necessità che i forti, i capaci, gli agiati e i sani, i popoli del Nord del mondo, facciano la loro parte per dare sviluppo e opportunità a chi si trova in posizioni subalterne.

Ma questo non ha nulla a che vedere con la massa di soggetti impigriti e viziati che popolano la nostra società oggigiorno.

Nulla di ciò che di buono le civiltà hanno prodotto è stato ottenuto con atteggiamenti di vittimizzazione.

Nulla di ciò che i singoli hanno raggiunto, nel bene o nel male, è stato frutto di ragionamenti del tipo"tanto non posso farci nulla".

No, perché in questo caso la paura avrebbe tenuto il cambiamento fuori dalla porta.

E oggi cureremmo ancora il vaiolo con gli scongiuri.

Avete mai sentito parlare della Grameen Bank?

Questa banca ha iniziato la sua opera nel 1977, in uno dei paesi più poveri della terra, il Bangladesh. La Grameen Bank[1] ha completamente sovvertito le fondamenta del credito per cui le banche prestano denaro a chi già ne ha e non a chi ne ha bisogno.

Lo strumento è quello del microcredito senza garanzie ai poveri per aiutarli nel fondare piccole attività o ad acquistare la casa.

Oggi è presente in 36.000 villaggi del Bangladesh e in 58 Paesi di tutto il mondo, compresa la Francia, la Polonia, gli Usa.

I prestiti per la casa hanno fornito un tetto a 350.000 famiglie, mentre altre 150.000 si sono costruite un alloggio con i proventi derivanti dalle attività intraprese.

Auguro anche a voi di parlare a qualcuno dei clienti di questa banca come è capitato a me.

Tra le più diseredate e impaurite del mondo, queste persone hanno scelto di diventare responsabili.

Acquistando un telaio, una mucca, una spazzola.

Agendo nelle zone più disagiate del mondo.

E dichiarandosi responsabili hanno trovato a chi fare riferimento.

[1] Il suo fondatore è Muhammad Yunus, nato a Chittagong, principale porto mercantile del Bengala. Ha insegnato economia nelle Università di Boulder nel Colorado e alla Vanderbilt University di Nashville, nel Tennessee. Grameen deriva dalla parola gram, che vuole dire "villaggio". Grameen vuole indicare la natura "rurale" o "di villaggio" della banca. Da leggere: *Il banchiere dei poveri*edito da Feltrinelli.

In questo caso la Grameen Bank.

Ma potrebbero essere stati un altro ente o altre persone.

Perché è solo quando decidiamo che siamo noi a rispondere per noi stessi che la paura bloccante se ne sta buona.

Prendere responsabilità non significa individualismo.

Non significa accettare che gli altri facciano qualsiasi cosa, "tanto io faccio lo stesso".

Non significa accettare comportamenti meschini, cattivi, cinici o brutali.

Questo modo di vedere è una manipolazione di chi ha paura che la gente diventi responsabile.

Perché "responsabilità" significa libertà e controllo delle proprie azioni.

E la libertà spaventa sempre chi usa il potere solo per la propria soddisfazione.

La paura, con la responsabilità, non scompare. Ma tace. Zitta in un angolo.

In attesa di dissolversi e veder comparire una sua sorella.

Un'altra. Certo, ce l'eravamo detti che senza paura non si rimane mai.

Ma sarà una diversa, un passo avanti.

Facciamone un altro assieme verso l'uso appropriato e potente della responsabilità.

Paragonatevi ad un esploratore. Siete appena giunti su un'isola completamente inesplorata dove la vegetazione è fitta, non conoscete nulla di quel posto se non quei pochi metri a cui siete approdati e su cui avete eretto la vostra tenda.

Potete spingervi più in là e cominciare a fare conoscenza con il territorio circostante.

Ma è già buio.

Meglio aspettare il sole.

Ma con in sole non avete più scuse. Vi allontanate dal sicuro e confortante accampamento sulla spiaggia dove avevate acceso un bel fuoco per scaldare il vostro caffè ed eretto una sicura palizzata.

Iniziate a incontrare piante nuove, animali strani e comuni, ruscelli dove sguazzano pesci che non sapete se saranno commestibili.

Arrotolato tra le sue spire un serpente sonnecchia al sole, lo evitate con un po' di batticuore.

Iniziate a capire la conformazione del terreno, la piccola collina da cui si domina la foresta, un sentiero battuto e un altro poco chiaro.

Il laghetto e quei tronchi caduti che formano una specie di grotta.

Un fruscio tra le piante, dei rumori, girandovi di scatto fate in tempo a vedere due sagome. Due persone che scappano.

Ritornate sui vostri passi velocemente e rientrate all'accampamento dove potete tenere sott'occhio la situazione.

Tutto questo per descrivere come è avventurarsi fuori dalla propria area di comfort.

Come si entra in un'area più vasta che inevitabilmente porta dei rischi, appaiono subito opportunità o pericoli.

Quei ruscelli sono di acqua potabile o no?

Quel serpente avrà dei simili lì intorno, oppure una volta evitato a maggior ragione non dovrò temerne altri?

Intanto cresciamo.

Cresciamo nell'unica vera dote che serve per stare a questo mondo maneggiando nel modo adeguato la paura.

Cresciamo nella conoscenza. Stiamo allargando l'area in cui ci sentiremo a nostro agio.

Esistono rischi, certo, il più grande è quello di non limitarci ad espandere l'area e di precipitare nel panico.

Se avessimo rincorso i due uomini, avremmo potuto trovarci nei guai e sperimentare il vero panico.

Panico che ci avrebbe chiesto come tributo quello di essere molto più prudenti e rinunciatari la prossima volta.

Qui ci vuole consapevolezza, per l'ennesima volta consapevolezza.

Non si impara nulla senza che ci sia del rischio e spesso del dolore.

Il punto è la misura, ma dubito che non sia chiaro.

Nemmeno per imparare ad andare in bicicletta o a leggere siamo esonerati dal rischio.

Il punto è quanto siamo disposti a rischiare e a soffrire?

Non occorre rompersi una gamba o saltare tutti i pomeriggi all'aperto per apprendere le due attività.

Ma la disponibilità, la consapevolezza che potrebbe essere indispensabile, questa sì è necessaria.

E con essa la convinzione che, comunque si decida di fare, l'esito è e sarà positivo.

Questo ha a che fare con le con un'altra fondamentale certezza.

Andare in una direzione o in un'altra di per sé non è il punto focale. Il punto focale è riconoscere che, ovunque si andrà, l'esperienza ci donerà qualcosa.

Ci farà vivere, ci darà spunti, connessioni e possibilità.

La vita è questa. L'imponderabile esiste.

Ma non lascia mai a mani vuote.

Il punto è porgere le mani con la certezza che verranno colmate.

Accidenti, mi sa che ho esagerato.

Eravate pronti per tutto questo?

Spero davvero di sì perché a questo punto o siete già pronti per il prossimo capitolo o siete pronti per buttare tutto e aprire un altro libro.

Siete ancora lì? Allora possiamo passare a trasformare le paure in azioni o in sentimenti più appropriati e più potenzianti e dare una bella sterzata alle nostre esistenze.

8. Fase 2: Tradurre la paura. Il coraggio

Inizio questo capitolo e potrei anche chiuderlo dopo le prossime due righe, se fossi sicuro d'essermi spiegato a sufficienza.

Perché, per andare oltre la paura, semplicemente, si potrebbero applicare tutti quei suggerimenti in grassetto che avete incontrato finora.

Se non state facendo qualcosa che avete voglia di fare, qualsiasi cosa, perché avete paura, **allora l'unico modo per andare oltre sul serio è fare questa cosa.**

Mi rendo conto che sembra lo slogan di un paio di scarpe da basket.

Ma non è così, il significato è molto più profondo.

Il significato è nel recupero delle proprie capacità, totali, integre, senza condizionamenti.

Nell'allargamento dei propri spazi vitali.

Nello spostamento dei confini entro i quali riusciamo a goderci la vita.

Perché, vedete, a meno che non siate menomati gravemente nella psiche o nel corpo[1], la grande notizia è che in verità siete sempre liberi.

Paura o non paura.

Si tratta di riprendere in mano la verità e iniziare a pensare in modo differente.

Vediamo come.

[1] E anche in questi casi potremmo aprire una discussione su cosa significhi "menomato", visti i successi sportivi di campioni come Fabrizio Macchi, o risultati scientifici come quelli di Stephen Hawking, tanto per citare due casi.

Siete bloccati dalla paura perché pensate di non potere?

Non è così. Siete bloccati perché, nel bilancio globale, questo blocco è quello che **VOLETE.**

Siete impauriti nel cambiare lavoro perché non sapete se il prossimo sarà altrettanto remunerativo?

È possibile. Ma è possibile anche il contrario.

Non lo saprete fino a quando non farete il passo.

Ma siete liberi. Liberi di non preoccuparvi se non lo farete.

Liberi d'abbracciare il rischio e tradurre la paura che vi sta solo dicendo che ci sono delle opportunità, da una parte come dall'altra. Tutto qui.

Sapete che tutti si aspettano un certo tipo di comportamento da voi mentre voi proprio volete comportarvi diversamente?

Siete liberi di pensare che non è che "dovreste" comportarvi così, ma piuttosto che "POTRESTE".

"POTRESTE", ma non lo farete se non lo volete.

Siete liberi.

Avete una vocina che vi dice che se accetterete un incarico di maggior responsabilità, che avreste sempre voluto, non vi dimostrerete all'altezza?

Siete liberi di pensare che si vedrà poi, ma che ora questa è una grande opportunità e che, se non la prenderete, l'unica sicurezza che vi rimarrà è quella che nessuno saprà mai se eravate davvero incapaci o se quello era il lavoro per cui eravate nati.

Potrebbe essere che le cose non vadano come pensavate; voi sapete che, per il semplice fatto di avere gestito le cose finora, gestirete anche quelle future.

Siete liberi anche di rinunciare sapendo che, a rimanere dove siete, potrete sviluppare ulteriormente quello che già fate e rafforzare legami e conoscenze, disponendo magari di più tempo per altre aree della vostra vita.

Ma siete liberi, accidenti! Con coscienza siete liberi, di ascoltare le paure e leggerle in modo adeguato.

Potenziante. Illuminante. Amplificante.

Vi faccio un esempio.

Sapere che da qualche parte nel mondo migliaia di persone con il vostro titolo di studio e con una preparazione simile alla vostra si fanno pagare un decimo di quello che serve a voi per svolgere il vostro stesso lavoro, e che questo lavoro si può svolgere via internet, potrebbe essere letto come un segno del vostro declino e come una inesorabile condanna alla povertà.

Quindi una possibilità è avere una paura terribile e mettersi in difesa.

Accettare la discesa.

Accettare d'erigere barricate e una lenta decadenza professionale.

Questa è libertà.

Cogliete il buono che c'è in questa decisione. Migliorate il vostro senso del risparmio, magari.

Oppure, come un interessante e proficuo segnale, la paura vi avverte di sviluppare nuove capacità e ampliare i vostri orizzonti dove metterle a frutto.

Si tratta di trasformarsi in persone "resilienti", ovvero capaci di affrontare cambiamenti, momenti difficili e passaggi impervi senza farsi deformare.

Personalmente, e lo avrete notato lungo tutto il libro, sono particolarmente propenso al **cambiamento e all'innovazione**.

Dubito che davvero si possa pensare di stare meglio fisicamente, economicamente, culturalmente, spiritualmente, se non si abbracciano nuove decisioni che portano fuori dal solito cortile.

Ma questa è una mia visione, che vi propongo e che sono sicuro vi porterà bene; è solo una mia visione.

Ma per me è importante che passi **il concetto che la paura esiste e che essa è un segnale di cui la nostra libertà può e si deve avvalere. Nel caso non lo faccia, stiamo sprecando un meccanismo fantastico di cui la natura, Dio o chiunque abbiate in mente voi come entità originale, ci ha dotato.**

Una volta deciso con la consapevolezza che si è liberi, la paura non c'è più.

Non serve.

È servita per farci prendere la migliore decisione e ora scompare.

Dunque, la discriminante tra chi fa ciò che vuole e chi non lo fa è nella lettura degli eventi e delle paure, ciò che questi segnali rappresentano per il nostro cervello e per il nostro animo.

Ma siamo LIBERI.

L'interpretazione è nostra.

L'azione successiva è nostra.

La paura è come una di quelle piante grasse spinose che teniamo in casa, belle e pericolose.

Se lo crediamo, abbellisce l'ambiente; se lo crediamo rappresenta una minaccia perché ci potremmo sbattere contro.

Lasciarla, spostarla, gettarla, cambiare strada è affar nostro. Solo nostro.

Di nessun altro.

In genere, anziché buttarla, si preferisce farne un buon uso ed è quello che io vi sto suggerendo in mille modi. Ma mi rimetto giustamente alla vostra decisione.

Ed è proprio la parola "consapevolezza" che va tatuata sulla pelle dei nostri pensieri se desideriamo una crescita della nostra maturità, e con essa la capacità di vivere e risolvere le paure.

Consapevolezza significa vivere per intero al presente.

Consapevolezza significa ritrovare la radice delle paure in una unica fonte.

Come un alfabeto primordiale e originale che accomuna tutte le lingue, anche la paura ha un'unica sorgente.

La nostra ossessione di fermare ciò che non può essere fermato.

La vita.

Consapevolezza è fermare il pensiero di passato e futuro che rimbalza da una parte all'altra rivangando o profetizzando ed evitando accuratamente di rimanere dove dovrebbe.

Nel presente.

Dove le tante paure diverse di ognuno sono una sola e non degenerate in mille schizofreniche facce filtrate attraverso le esperienze passate e le aspettative future.

Difficile, eh?

Certo non siamo abituati, ma se esiste una modalità di tradurre definitivamente la paura nella nostra vita è quella di assumere un contegno e una prospettiva radicalmente differenti.

In cui paura e soggetto impaurito sono dalla stessa parte, anzi sono la stessa parte, e riconoscono che il continuo spostamento temporale non serve, non porta a nulla.

Paura e pauroso sono una entità unica e il riconoscere questa stranezza, per quanto stranezza non sia, modifica tutto il comune sentire. La paura può continuare ad esistere, ma la nostra libertà è superiore, e i comportamenti che ne deriveranno saranno finalmente sereni, adeguati, sensati nel vero senso della parola.

Ho tenuto queste riflessioni verso la fine perché comprendo la difficoltà che esse comportano.

Modificare un modo di pensare richiede una grande motivazione oppure gravi eventi traumatici.

È evidente che, per come è strutturato il libro, il cammino verso una "gestione" delle paure è progressivo, diciamo "per gradini".

Siamo arrivati adesso al punto di svolta.

Finalmente parliamo di "coraggio".

Il coraggio «uno non se lo può dare[1]» dice Don Abbondio al Cardinal Federigo Borromeo.

Alberto Moravia invece ha lasciato detto che «Al mondo non c'è coraggio e non c'è paura, ci sono solo coscienza e incoscienza. La coscienza è paura, l'incoscienza è coraggio».

Con buona pace di Don Abbondio, e con molta umiltà nei confronti di Moravia, io penso proprio che non sia così.

Credo che proprio dalla paura, dalla comprensione della paura, dall'osservazione della paura e di noi stessi, nasca quello spunto, e quella favilla incandescente che può far ardere il fuoco del coraggio.

Credo dunque che uno che non c'è l'ha, il coraggio se lo possa dare.

Credo anche che la coscienza porti al coraggio e non viceversa.

Non la coscienza dei pericoli, quelli vanno certamente analizzati, ma la coscienza di ciò che cerchiamo e di ciò in cui crediamo.

Il coraggio è quella virtù con cui si fa fronte a ciò che non si conosce a partire dai valori che conosciamo.

Coraggio come antitesi della paura.

Si ha paura di ciò che non si conosce, si ha coraggio quando si agisce in un contesto ignoto.

Ma cosa stimola il coraggio?

Come nascono le azioni che tutti ricordiamo per sempre?

Come il ragazzo armato di due borsette di plastica che ferma i carri armati in piazza Tien An Men[2].

[1] Da Alessando Manzoni, *I promessi sposi*.

[2] Il 4 giugno del 1989 il governo cinese ordinò di sparare sugli studenti che si erano radunati in piazza Tien An Men a Pechino per protestare contro la corruzione dei funzionari e per chiedere aperture democratiche e libertà di espressione. A mezzogiorno del 5 giugno, il

Come l'orchestra del Titanic[1].

Come Alessandro Zanardi[2] dopo l'incidente o come Amundsen quando perse la vita cercando di soccorrere i superstiti del dirigibile Italia sul pack polare o il commerciante padovano Giorgio Perlasca che nel 1994, a Budapest, riuscì a salvare dallo sterminio migliaia di ebrei, spacciandosi per il console spagnolo.

Il coraggio ha tante facce.

Albert Sabin, che prova il vaccino per la poliomielite su di sé, sulle sue due bambine, e rinuncia a brevettarlo per permettere che salvi più vite possibili.

Ha la faccia di Leena Kaartinen, finlandese di 63 anni, pediatra che dal 1971 aiuta feriti e malati nei posti più disagiati della terra e che il *Times* ha iscritto nella lista "Heroes 2005".

Ha la faccia del giudice Borsellino quando decide di continuare il suo lavoro, e dichiara: «Se muoio adesso, il mio compito l'ho svolto... Non sono né un eroe né un kamikaze, ma una persona come tante altre. Temo la fine perché la vedo come una cosa misteriosa, non so quello che succederà nell'aldilà. Ma l'importante è che sia il coraggio a prendere il sopravvento. Se non fosse per il dolore di lasciare la mia famiglia, potrei anche morire sereno».

Mi scuso di una scelta, per forza di cose, limitata.

Di atti di coraggio ne potremmo trovare molti, moltissimi, anche meno noti e appariscenti, nelle vite di tanta gente comune.

Nelle decisioni quotidiane di genitori alle prese con la fine mese o con figli malati o di giovani che crescono in mezzo a nuovi disagi. Coraggio con facce differenti, grande e piccolo.

Coraggio.

giorno dopo la carneficina, un ragazzo armato di due sacchetti di plastica si mise davanti a una fila di carri impedendone l'avanzata.

[1] L'orchestra del Titanic suonò nel salone di prima classe per distrarre e calmare i passeggeri durante l'affondamento, avvenuto nella notte fra il 14 e 15 aprile 1912. Successivamente i musicisti si trasferirono nella parte anteriore della nave e continuarono a suonare anche quando era ormai evidente che non c'era più nulla da fare. Nessuno dei componenti dell'orchestra si salvò.

[2] Alessandro "Alex" Zanardi (Bologna, 1966) è un pilota automobilistico. Nel 2001 durante una gara in Germania rimase vittima di un terribile incidente l'amputazione di entrambi gli arti inferiori. Ritornato a gareggiare, nel 2005 è diventato campione italiano Superturismo.

Ne troveremmo molti, perchè fra tanta paura e panico, e soprattutto grazie a tanta paura e panico, nascono comportamenti dissonanti e alternativi.

Il coraggio è una comportamento per distinguersi, per sottolineare la capacità, innata o acquisita, di comprendere che l'incertezza è nella natura e niente più.

L'incertezza è certa. È il fluido nel quale nasciamo, viviamo e moriamo.

Chi lo comprende, agisce con coraggio. Agisce...

Agiscono reputando che vivere sia qualcosa di diverso che non limitare i danni della vita, per dirla con Baricco[1].

Sanno anche che questa tentazione va controbilanciata da una dose di sforzi audaci per migliorarla, cambiarla, indirizzarla.

Certo, il coraggio può diventare imprudenza o incoscienza fino a risultare una caratteristica decisamente negativa, mentre la paura può trasformarsi in prudenza adeguata e giusta.

Come già detto, è il giusto mezzo a diventare risolutivo e traccia da seguire.

Ma un incitamento al coraggio come azione in linea con i propri valori, e quindi consapevole ma non condizionata dai rischi, è doveroso.

Non c'è bisogno di rendere guardinghe le persone più di quanto già non lo siano.

O meglio: c'è bisogno che decidano su cosa essere guardinghe e su cosa invece proiettarsi in avanti.

Regole per diventare coraggiosi purtroppo non ce ne sono, o perlomeno io non le ho mai scoperte ma, come il leone del mago di Oz, spero di migliorare.

Ecco allora un po' di suggerimenti pratici che, applicati, danno buoni risultati.

Atteggiamenti e comportamenti insieme ne daranno di ottimi.

Visione concettuale e pragmatismo non sono incompatibili. E noi poveri occidentali, sballottati tra filosofia dei massimi sistemi e rate dell'auto e costose settimane bianche, dobbiamo trovare vie d'uscita originali ai problemi, senza vergognarci se la strada non è segnata e non è ortodossa.

[1] Alessandro Baricco,*Questa storia*, Fandango Libri, 2005.

Non diventeremo completamente dei Buddha, dei Gesù o dei Gandhi, ma auspicabilmente non ci ridurremo nemmeno a comparse da *reality show*.

Allenatevi un po' per volta e cercate le occasioni per fare pratica senza stancarvi per la lentezza dei progressi.

Difficile ingoiare un rospo tutto in un colpo, come difficile è affrontare la decisione di cambiare lavoro e settore di attività, o riprendere a studiare in età avanzata per conseguire un diploma o una laurea.

Infatti il più grande divoratore di metalli[1] del mondo ha inghiottito, sì, una tonnellata di metallo, ma un po' alla volta, in 22 anni. Beh, la paura ha paura di chi non ha paura e un po' alla volta, come chi si immunizza dai morsi dei serpenti assumendo piccole dosi incrementali di veleno, anche voi potete farcela.

Affrontate situazioni via via più paurogene e, sottolineo, relative ai vostri reali problemi.

Saltare dai viadotti con degli elastici alle caviglie o camminare sui carboni ardenti, anche se si tratta di esperienze divertenti e utili in quanto metafore, difficilmente vi sarà utile a superare la paura del vostro boss o l'ansia della competizione sul posto di lavoro.

Affrontate piuttosto il vostro capo o le competizioni con i colleghi a partire da sfide minori e poi fatele crescere di intensità.

Queste situazioni possono avere esiti positivi o negativi, ma se sono dimensionate adeguatamente vi renderanno progressivamente più coraggiosi.

E sarete pronti per un avversario più grosso.

Non perdete tempo a capire perché avete paura, pensateci su un po', ma dedicate più tempo che potete all'azione rispetto al ripensamento.

Come spesso accade, conoscere il perché non aiuta di per sé ad adottare nuove strategie e alla lunga può stremare, esaurendo il tempo e le risorse psicologiche e fisiche.

Se non sapete darvi pace perché siete stati lasciati dal vostro partner, sapere il perché non vi porterà molto. In compenso, uscire vi aiuterà concretamente a vincere quella paura delle nuove conoscenze che sovente acquisiamo dopo molti anni di convivenza.

[1] Si chiama Michel Lotito ed è nel *Guinness dei primati*, edizione 2000, Mondadori.

A proposito, ho scritto "ripensamento", non meditazione o rilassamento. **Sembra, infatti, che le attività meditative aiutino a ritrovare un coraggio perduto.**

Stimolano l'organismo a produrre reazioni proprio opposte a quelle che la paura genera, come ad esempio il batticuore, il tremore, la tensione muscolare[1].

Oltre a ciò, e qui si ritorna al tema della consapevolezza, la meditazione costringe alla focalizzazione sul "qui ed ora".

Come detto in varie occasioni, quando si ha paura si è nel "prima" o "dopo". Mai nel presente.

Scrivete ciò in cui credete e ciò che volete.

Non scherzate con voi stessi. Prendetevi seriamente almeno per ciò in cui davvero credete.

E pensateci bene prima di scrivere.

Una certa dose di coscienza della vacuità della nostra vita serve, perché le rogne e i pericoli arrivano.

I samurai, che di coraggio se ne intendevano avevano un approccio interessante. Secondo il Bushido[2] il samurai era già morto.

Per un samurai il futuro non esisteva, come non esisteva il passato, tutto si risolveva nel presente e nell'azione.

In questo modo, libero da ogni preoccupazione poteva dare il meglio di sé.

Non usuale per noi, però senz'altro un'ottima via al coraggio.

Non posso suggerirvi di seguire la via dei samurai, ma credo di poter indicare una direzione per definire come ci comporteremo di fronte alle difficoltà.

La direzione da seguire dipenderà, oltre che da ciò che conosciamo e da ciò che non conosciamo, dalle nostre stelle polari.

I valori.

Scriverli serve a ricordarli, rileggerli, eventualmente modificarli e a farli diventare una cosa seria o quantomeno concreta[3].

[1] Christophe Andrè, *Chi ha paura della paura*, Corbaccio, 2005.

[2] Il Bushido, ovvero "la via del guerriero", è il codice etico dei Samurai, i guerrieri giapponesi. Tra i sette princìpi del samurai, il coraggio ricopriva il secondo posto dopo la ricerca della verità.

[3] È uno dei motivi per cui le Costituzioni vengono scritte. Perfino i dieci comandamenti sono stati dati per iscritto e non solo a parole. Chissà cosa sarebbe successo se fossero stati solo orali.

Scriverli serve a fare il punto e a farci recuperare un certo gusto per il rischio, che non significa necessariamente avventatezza, ma stimolo ad affermare la propria identità, la propria esistenza in relazione al mondo intero senza cadere nell'egocentrismo superficiale di chi ha un unico valore ben chiaro: se stesso.

Scriverli serve, come quando si ripassano con la vernice i caratteri consunti sulle lapidi o sui monumenti, a farli riapparire dalle nebbie e dal sole della nostra adolescenza.

Quando pensavamo e credevamo, soprattutto credevamo, che oltre ai ragionamenti anche il cuore, l'animo, avessero il diritto di dire e farci fare la loro parte.

Il coraggio era anche in quei pensieri.

Ve ne ricordate? Non ne avete un po' di nostalgia?

È vero. La vita spesso ti piega. Ma sempre più spesso siamo noi a diventare fragili e paurosi, rinunciatari.

Scrivendo si assapora anche la vittoria su un'altra paura. Quella della solitudine, uno dei drammi imposti dalla nostra epoca, che ci vuole magari *single* ad alto reddito, perfetti consumatori, ma sempre in mezzo agli altri. Sempre relazionati anche se mancano i contenuti.

Stare soli a scrivere ci mette in grado di fare chiarezza. Senza il brusio e vociare del mondo. Fa paura, vero?

Ma se temiamo di stare e parlare con noi stessi, con chi mai riusciremo veramente a farlo?

Certo, come abbiamo visto finora, non è sempre necessario, prescritto, indicato.

Ed è vero, c'è anche chi non ha avuto bisogno di scrivere per essere più coraggioso.

Martin Luther King, Gandhi, Madre Teresa... Ma visti i nomi citati credo che, perlomeno a me, un pezzo di carta scritto possa essere utile.

Come avete visto, il coraggio non è incoscienza ma, al contrario, è chiarezza estrema di visione, ideali e valori.

Il rischio è marginale rispetto alla ricchezza che l'atto coraggioso porta in termini di vitalità e progresso.

Se tanti di quelli che ci hanno preceduto non fossero stati ispirati da pensieri simili a quelli che ho provato a proporvi, credo che oggi io e molti di quelli che leggono saremmo ancora a raccogliere il grano per un conte o un barone, la nostra vita media sarebbe di qualche decennio più corta e il cancro lo cureremmo con le unzioni.

Almeno provarci, ad essere coraggiosi con testa e animo allineati, non è una brutta idea.

9. Di cosa c'è davvero da avere paura? Qualche riflessione sul futuro prossimo e un suggerimento pericoloso

> Se io dico che è sicuro fare surf su questa spiaggia, significa che non c'è pericolo capitano! Io non ho paura di fare surf in questo posto e quindi farò surf in questo cazzo di posto[1].
>
> Da Francis Ford Coppola, *Apocalypse Now*

Capitolo che mi costringe ad osservare tutto cercando di mettere da parte le convinzioni e le certezze che in tanti anni ho raccolto per strada e di ritornare a fare ipotesi.

Dove troverete dubbi e poche sicurezze.

Già, perché non c'è proprio nessuno che, come il colonnello Kilgor, mi possa davvero convincere che qualcuno sappia davvero cosa fare in questo momento.

Fermi!

Non c'è nulla di male nell'essere sicuri che nessuno, presidenti, religiosi, militari, manager, industriali e gente comune, non sappia dove andare.

O meglio, ci sono quelli sicuri, in buona o cattiva fede, ognuno con la sua ricetta, facile o complessa, che si perde nei mille rivoli di un mondo diverso in cui nessuna voce è più ufficiale e credibile di quanto non lo sia il commentatore sportivo o il sito internet dei terroristi.

Un mega-minestrone comunicativo. Ma chi ascoltare?

Il fatto che non si riesca ad individuare un nuovo Mosè che ci conduca attraverso il deserto, non significa che non troveremo la strada.

Per quanto mi riguarda, significa che si deve fare più attenzione alle scelte grandi e piccole, collettive e individuali.

Ma su questo argomento ritorneremo fra poco.

[1] Il colonnello Kilgor, impersonato da Robert Duvall, spiega a Willard che vuole fare surf nel bel mezzo della battaglia.

Cosa sta cambiando, e a che velocità? Quando rallenterà o si fermerà?

Stanno cambiando i ruoli di ognuno di noi, ad esempio.

Cosa significa essere figlio, padre, madre, marito, oggi?

E impiegato, operaio, dirigente, imprenditore, disoccupato?

Cosa significa essere italiano, europeo, extracomunitario, democratico, di sinistra, di destra?

In tutte le presentazioni, seminari, convention, tavole rotonde di industriali, artigiani, piccole e medie industrie, confederazioni, scuole e università dove sono stato chiamato a dare un contributo, ho trovato lo stesso dilemma.

Chi siamo ora e chi saremo domani.

Io credo che le tecnologie informatiche abbiano rimesso tutto in discussione, e che, in misura ancora maggiore, la vera sterzata sia stata generata dalla decisione – che può anche apparire non nostra, ma che in realtà abbiamo contribuito a determinare anche noi, con le nostre scelte individuali – di aderire al concetto di una economia completamente libera, in grado di autoregolarsi e di garantire il benessere di tutti.

Ora, quello che sta cambiando, grazie alla caduta delle barriere economiche, doganali, culturali, politiche, grazie al calo nei costi di trasporto e di trasmissione delle informazioni, è che il mondo è diventato e sta diventando sempre più piccolo.

Non solo. Il mondo è anche diventato o sta diventando insufficiente sotto il profilo delle risorse per la popolazione che lo abita.

Quanto riuscirà a spaventarci un mondo diventato piccolo e scarso?

Se partiamo da questo assunto, dovremmo cominciare seriamente a preoccuparci di chi si potrà sedere a tavola e anche del dove verrà allestita la prossima tavola.

Cosa significa?

Significa che se le risorse sono scarse e mal ripartite, ma nello stesso tempo è facile spostarsi da un luogo all'altro, avremo sempre di più fenomeni migratori da parte chi non ha. Oppure coloro che non hanno, per una semplice logica di mercato, faranno in modo da far cambiare destinazione alle risorse. Entrambi fenomeni già iniziati.

In soldoni, nel futuro, il nostro profilo di cittadini, consumatori e lavoratori potrebbe cambiare di molto e non in meglio, se prendiamo come pietra di misura la capacità di acquisto.

Se decidiamo, poi, che le nostre abitudini non sono discutibili, allora scaturisce una seconda riflessione.

Se non si vuole che qualcuno non invitato si sieda alla nostra tavola, dopo i tentativi pacifici, si deve ricorrere alla forza.

Soluzione non ottimale, che implica, come mostrano i primi conflitti già in atto per il controllo di alcune materie prime, un tributo doloroso da entrambe le parti e risultati alquanto incerti.

Avverrà che chi si ritrova le risorse energetiche, minerarie, naturali in casa diventerà più importante. Potrà essere un nuovo padrone o diventare una vittima da parte di predatori più forti.

Tra i continenti, le nazioni, le regioni, le organizzazioni, le religioni, si prospettano conflitti per accaparrarsi la fetta più grossa.

Tra impiegati e dirigenti, imprenditori e dipendenti, genitori e figli, il meccanismo potrebbe mietere i prossimi caduti o feriti.

Quando si è in troppi attorno a un piatto solo, si litiga sempre.

Certo non appartengo alla categoria dei pessimisti a tutti costi, credo che Sergio Belardinelli abbia ragione quando dice che «chi ha paura pretende di aver ragione per il semplice fatto di aver paura».

È perspicace quando osserva che «succede così che l'ottimismo ingiustificato di ieri, la pretesa di realizzare il paradiso su questa terra, sembra aver lasciato il posto a un pessimismo ugualmente ingiustificato, secondo il quale la terra si appresterebbe a diventare una landa desolata»[1].

Il clima e l'impatto ambientale hanno generato, ad esempio, posizioni diverse e contrastanti alle quali è difficile dare torto o ragione.

Michael Crichton nel suo romanzo *Stato di paura*[2] affronta il tema dell'effetto serra, giungendo alla conclusione che il fenomeno è totalmente fuori dal controllo dell'uomo, quindi è inutile dedicarsi al controllo della stesso, ma piuttosto impiegare le energie per risolvere problemi controllabili come la fame nel mondo o l'Aids.

D'altro canto molti esperti di meteorologia, tra cui lo storico Pascal Acot, sono in disaccordo totale con questa impostazione.

[1] Sergio Belardinelli insegna Sociologia politica alla facoltà di Scienze politiche di Bologna.
[2] Garzanti, 2005

Essi chiamano in causa l'euristica della paura, un metodo teorizzato dal filosofo Hans Jonas, che prevede tra due previsioni sugli effetti e conseguenze future di una nuova tecnologia si debba preferire quella che prevede effetti più negativi.

Insomma, procedere con un principio di prudenza e cautela[1].

E quindi dedicarsi alla prevenzione in questo campo specifico, come ad esempio con gli accordi ed il protocollo di Kyoto.

È così per il tempo, figuriamoci per gli aspetti sociali.

Se ho deciso di scrivere qualcosa sulla paura è proprio perché avverto nel mondo attorno a me la vibrazione della paura per il futuro.

La vibrazione del rischio, certo, e dell'incertezza, imprevedibile e quindi ancora più fastidiosa.

Tutti stanno sbagliando? Tutti hanno ragione?

Tutti impazziti? Tutti saggi?

O qualcosa si è rotto nel meccanismo che grazie alla tecnologia è ora più trasparente, veloce, instabile, e fluido come mai prima?

Io credo che in verità si debba avere seriamente paura soprattutto dell'iniqua spartizione delle ricchezze tra le nazioni e del consumo dissennato delle risorse.

E ancora una volta non per uno spirito evangelico, che non troverebbe in queste pagine adeguato asilo, ma per intelligenza.

Non si tratta di una visione politica o sociale, non in questo contesto, ma di un ragionamento pragmatico.

Uso spesso questa citazione dello psicologo e amico Enzo Spaltro: «Se coloro che stanno bene non fanno stare meglio coloro che stanno male, questi ultimi fanno stare peggio coloro che stanno bene».

Oggi a stare bene siamo in gran parte noi occidentali.

Domani non lo sappiamo ma lo possiamo ipotizzare.

Esistono sacche di basso reddito all'interno del nostro sistema ma non sono comparabili con le sacche di miseria presenti nel resto del mondo, dove con tutta probabilità migreranno le attività produttive alla ricerca di bassi costi del lavoro.

Se la ricchezza si accentra in poche mani e il lavoro si sposta, è evidente che chi ricchezza non ne ha ed è privato del lavoro assisterà a un peggioramento della propria capacità di reddito.

[1] Da Romano Trabucchi, "Nell'era dell'antropocene la paura ci fa compagnia", *Il dirigente*, Marzo 2006.

È ipotizzabile che con questa riduzione e con un tasso di disoccupazione tendenzialmente in crescita cresceranno i problemi di solito correlati.

Criminalità, isolamento e depressione, alienazione, conflittualità e litigiosità.

I miglioramenti in termini tecnologici porteranno una parziale consolazione, nel senso che potremo vivere più a lungo ma magari più depressi.

Oppure ci daranno la possibilità di poter comunicare con chiunque ma non avere qualcosa da dire oltre a uno sconsolato chiacchiericcio depresso fra depressi.

In alternativa, chi invece sarà riuscito a rimanere dalla parte dei molto ricchi dovrà probabilmente passare parte della sua vita all'interno di aree sorvegliate per difendersi dalla malvivenza, come accade già in molte aree degli Stati Uniti.

Vabbè, scenari distanti, o forse nemmeno molto. Nel senso che in giro per il mondo già si vedono, e potremmo perlomeno chiederci se ci piacciono o no.

Come avete potuto leggere, io sostengo che a questi momenti storici si risponde in prima persona, comprendendo per tempo, acquisendo competenze, preparandosi e mettendo in moto azioni adatte.

Nonostante ciò, non sono ancora così miope da non comprendere che è necessaria un'azione unitaria e centralizzata per ridare fiato alla competitività dei Paesi europei, avviati verso un lento declino economico.

È plausibile immaginare che questa azione debba provenire da una ritrovata e concreta unità politica dell'Unione Europea che riesca a proporre alla popolazione, in modo uniforme e comune, obiettivi economici tali da fare trovare all'Europa un posto al tavolo occupato dagli altri colossi della geopolitica.

La necessità di ammortizzatori ed elementi di mediazione che responsabilizzino imprenditori e dipendenti, che rendano meno mobili i capitali e meno rischiosi gli investimenti in cultura e innovazione, si pone in modo pressante e non procrastinabile.

Ricercare un livello di qualità di vita anche più alto di quello attuale è un obiettivo giusto, il punto è ridefinire, alla luce di tutto ciò che sappiamo oggi, cosa intendiamo per qualità della vita.

Io sono convinto che si possa concordare con Marco Roveda[1] quando dice che «occuparsi di ciò che è altro da noi, delle persone che ci stanno accanto, di quelle che sono più lontane, della società in cui viviamo, dell'ambiente in cui abitiamo e dell'intero mondo di cui facciamo e faremo parte, diventerà l'unico vero modo di rendere possibile la nostra felicità».

E qui di nuovo entriamo in ballo noi, tutti noi. Gli individui. Che abbiamo necessità di immaginare e di lavorare per un mondo più omogeneo, rispettoso, equilibrato.

Si inizia dal nostro quartiere, si continua nelle urne elettorali, si dimostra coi comportamenti e con gli esempi nella vita di ogni giorno.

Non ignorando che tanto più seppelliamo in buche profonde le sperequazioni e i drammi che costellano il nostro pianeta, come se cercassimo di mettere un tappo a un vulcano, tanto più sono destinate ad esplodere in modo violento.

Ma ancora prima, ad annaffiare la nostra vita di paura.

Quella tecnologia di cui si parlava, che rende possibili comunicazioni prima impensabili, va sfruttata per divenire persone più evolute di quelle che eravamo.

Capaci di interagire con coraggio con il resto dell'umanità, senza dimenticare nell'avanzare, nel progredire, che non c'è miglioramento al giorno d'oggi che possa definirsi tale senza che tutti ne prendano realmente parte.

Siamo un'astronave che viaggia nell'universo e che non può buttare rifiuti fuori bordo. Tutto quello che di sbagliato facciamo è destinato a ritorcersi contro di noi.

Non si possono lasciare indietro parti dell'equipaggio o fare a meno di esso.

Non si può correre il rischio di un ammutinamento.

Non si può avere paura che qualcuno non faccia il proprio dovere, perché a rischio è la sopravvivenza di tutti.

Vorrei avere la penna di qualcuno più bravo di me per parlare di argomenti come la compassione, o la capacità di scorgere in ogni uomo e in ogni donna che incontriamo qualcosa di noi stessi, e di riconoscere che da questa parte di noi non può provenire pericolo.

[1] Marco Roveda, *Perché ce la faremo*, Ponte alle Grazie, 2004.

Quando mi capita di proporre riflessioni di questo genere in occasioni pubbliche, resto sempre stupito dalla ridda di reazioni che suscito, che mi incuriosiscono ma a cui ho smesso di cercare spiegazioni.

A favore, contro, perplessi. La gamma è vasta.

Chi crede che questi concetti possano valere solo in un altro mondo, e chi invece pensa che siano davvero il viatico indispensabile per approdare a una qualche salvezza.

Io credo solo che esista una modalità spirituale senz'altro, ma anche morale ed etica, che può portare vantaggi concreti nella nostra vita di ogni giorno, e preparare il terreno per un futuro davvero migliore.

Se non avessi visto in azione il potere di un comportamento compassionevole, non parlerei così.

Ma l'ho visto.

L'ho visto sul posto di lavoro tutte le volte che ci prendiamo il lusso di dare una mano a chi non ha la nostra furbizia o malizia, tutte le volte che cediamo il posto sul metrò a qualcuno che ne ha bisogno, in tutti i momenti in cui si rallenta per aspettare chi è più lento, nelle stazioni quando si lascia un euro nel berretto del vagabondo che dorme tra i cartoni o quando si raccoglie una lattina lasciata per terra.

Io l'ho visto.

E non mi importa che i furbi siano milioni, che nei metrò ci siano più passeggeri che sedili, che qualcuno mi superi mentre aspetto, che i vagabondi e le lattine abbandonate siano sempre di più.

E che qualcuno mi spieghi che non è così che si risolvono i problemi.

Io ho visto che quella è l'unica via non violenta alla sopravvivenza, e soprattutto ho visto che ha un effetto collaterale.

L'attenuazione della paura da cui nascono tutte le altre.

Che ciò che ci è esterno minacci la nostra esistenza.

Capisco che molte situazioni spingano ad atteggiamenti opposti, di rivolta, di reazione, di aggressività; la mia opinione è che siano trappole mortali destinate a generare ulteriore paura, in un circolo vizioso senza fine.

La globalizzazione, il fenomeno a cui stiamo partecipando anche senza rendercene conto, è come spesso accade un grande trampolino o un grande baratro.

Lo scrittore Alessandro Baricco ha brillantemente osservato che «globalizzazione è necessità di fare la nostra parte. Ho in mente gente convinta che la globalizzazione, così come ce la stanno vendendo, non è un sogno sbagliato: è un sogno piccolo. Arrestato. Bloccato. È un sogno in grigio, perché viene direttamente dall'immaginario di manager e banchieri. In un certo senso si tratterebbe di iniziare a sognare quel sogno al posto loro: e realizzarlo. È una questione di fantasia, di tenacia e di rabbia. È forse il compito che ci spetta»[1].

Ecco. Se potessi permettermi il lusso di aggiungere due frasi, direi che: "È anche una questione di amare. Di iniziare ad amare".

Tutto qui.

Forse è banale e scontato.

Ma non è ancora realtà.

Se siamo fortunati, toccherà a noi.

Io ci spero così tanto da averci scritto un libro.

[1] Alessandro Baricco, *Next*, Feltrinelli, 2002.

10. Ciò che ne pensa un amico

di *Renato Da Pozzo*, Life Coach, atleta estremo ed esperto di metodologie di allenamento in condizioni limite[1]

Oltre vent'anni della mia vita li ho passati a scalare e ad attraversare montagne.

Svolgendo questa attività da professionista, mi sono spesso trovato ad avere la paura come compagna di viaggio. Ma questo genere di paura è solo un'espressione della paura stessa, non la sua radice. La radice della paura l'ho incontrata quando la mia professione è cambiata e ho iniziato ad occuparmi di coaching: per manager, atleti, per persone in genere oppresse da disagi fisici e comportamentali. Posso dire, con una discreta certezza, che mai come nell'epoca postmoderna assistiamo a un indebolimento del "coraggio".

L'uomo postmoderno è un individuo che ha perso quasi totalmente la capacità di vivere i propri sensi, il messaggio del cuore. È un essere che vive in protezione, calcola, misura, quindi controlla.

Ma cosa può mai controllare? La vita forse?

In questo modo non sceglie; piuttosto, subisce.

Dove non c'è scelta di cuore, non c'è amore. L'amore si esprime invece sempre in presenza del coraggio. Solo il coraggio fortifica l'anima, attraverso le sue prove: i rischi.

Ricorrendo a un riferimento agronomico, il seme una volta posto nel terreno può avere un "geotropismo" positivo o negativo.

Positivo: il seme va verso la luce, verso la vita, verso il rischio... Là fuori c'è il vento, il freddo, ecc., ma si vive!

[1] E-mail: Roberto.dapozzo@tin.it

Negativo è il seme che non va alla luce, si protegge, insomma muore dal suo interno.

La paura blocca ogni forma di creatività, blocca le aziende, e le aziende scelgono spesso uomini bloccati, uomini che dicono troppo spesso solo "sì".

Di frequente mi sono trovato con loro in sale riunioni. Persone arroganti e furbe, nell'accezione negativa del termine. Il loro fine è che nulla cambi, a parte il loro contratto. I loro biglietti da visita sono lunghi come un tema, scritto in inglese: "fa tendenza", spesso non "fa sostanza". Si ha la sensazione che loro decidano; niente di più lontano dal vero, decidere è un rischio, e loro non amano rischiare.

Qualche giorno prima che Sebastiano mi chiedesse di scrivere queste righe sulla paura, ho avuto una specie di intuizione. Nel mondo circolano tre nature umane piuttosto distinte.

I primi, gli "inseminatori", sono coloro che osano, donano, e che non si curano di avere il contraccambio. Il loro compito è di stimolare, di portare avanti il testimone. A loro noi dobbiamo tutto, ma spesso non glielo riconosciamo. Sono i veri uomini, le vere donne, esistono per il dono.

I secondi sono ibridi, "inseminatori-raccoglitori": medio coraggio, medio talento, sanno copiare, sanno captare le idee, qualche volta le sposano e se ne fanno portavoce. A loro dobbiamo la speranza, in quanto del contesto socio-economico sono la colonna portante. Fanno.

I terzi, i "prendi-raccoglitori", conoscono il furto. Privi di talento, ma straordinari nel compromesso, sono gli "yes men" ipocriti, non rischiano nulla, si schierano solo a risultato certo e non hanno il senso della parola. Uccidono la comunità togliendole la visione, ma la cosa peggiore è che hanno paura di chi ce l'ha. Oggi, come forse da sempre, sono ben inseriti negli ingranaggi del potere, producendo non pochi danni.

Per concludere, spero che il cuore torni a battere, e che si riprenda il suo linguaggio. La visione. Così facendo, i primi verranno premiati, i secondi aumenteranno la loro fiducia in sè. I terzi cominceranno ad estinguersi... e con loro se ne andrà la paura. Ma cosa sto dicendo? La paura rimane; arriverà il coraggio, l'altra faccia della luna. E finalmente la vedremo tutta.

11. Conclusione

Cosa devo ancora dire?

Come vi avevo anticipato cercavo qualche risposta per me, e ne ho approfittato per condividere un pezzo del percorso con chi poteva avere un interesse a fare una camminata tra i boschi ombrosi della paura.

Avete ancora i foglietti che vi avevo chiesto di scrivere nel secondo, quinto e ottavo capitolo?

Vi avevo promesso che li avremmo riletti.

Quello che vi chiedo è proprio di rileggerli.

Con attenzione, con tutta l'attenzione e il rispetto possibile.

Ci sono paure, e riflessioni per poterle maneggiare.

Ma la mia domanda ora è: "Vi fanno ancora così tanta soggezione?".

Ho come la sensazione che potreste trovare più leggere, meno dense o addirittura sorpassate alcune delle vostre paure.

Certo è solo una sensazione; e se anche fosse, questo risultato non è certo ascrivibile a me.

È una di quelle aspettative che derivano da una semplificazione delle questione, dall'illuminare certi anfratti bui della nostra coscienza, dal riordinare il garage dei nostri valori e sentimenti lasciando finalmente al camion della nettezza urbana un bel po' di ferrovecchio inutile.

È frutto della vostra volontà, della voglia di dare un senso alle parole che avete incontrato.

Risultato di un processo interiore che forse ha gettato della luce nel buio della cantina in cui sgomitano le emozioni generate dalla paura.

Forse eravate stanchi di stare nel recinto insopportabile del timore, nelle retrovie sicure e noiose lontane dal fronte dove si gioca e si combatte la vostra vita.

Forse ne avevate le tasche piene di farvi dire ciò da cui dovete essere spaventati.

Forse volevate decidere voi per cosa vale la pena di avere le vertigini.

Forse siete dei sognatori di posti migliori. La categoria che preferisco, e che annovera tanta gente che avrei voluto conoscere di persona.

L'incertezza e la paura sono entrate prepotentemente nella nostra esistenza, forse sono solo tornate a casa dopo un periodo di vacanza, forse non erano mai partite.

Abbiamo guardato in faccia l'essenza della vita, che si chiama "cambiamento".

E il cambiamento è spesso imprevedibile, è vero.

Ma sono tante le possibilità, le vie da percorrere, i progetti da incrociare, le idee da far nascere, morire, rinascere.

Ho paura di non poter fare tutto ciò per paura.

Di questo ho davvero paura.

Creatività è connettere elementi apparentemente scollegati.

Divino è collegarli e renderli reali.

E più colleghiamo, più poniamo pesi sull'altro piatto della bilancia, quella bilancia che pesa la paura.

Sul lavoro, a casa, nella società.

Idee, cose, energie, soprattutto persone: si tratta di connettere tutto ciò in una costruzione sempre più grande e prospera.

Le occasioni per crescere e maturare sono continue e ho un'ultima fantastica notizia prima di concludere questo piccolo lavoro.

Avremo anche vissuto esperienze terribili e dissestanti, che potrebbero giustificare le nostre paure, ma questo non significa che il nostro futuro sia segnato, che non ci siano possibilità di cambiamento.

Nel rapporto con le difficoltà che possono presentarsi nel corso della vita, diventa determinante l'ottica in cui ci si pone, le interpretazioni che si danno agli eventi, le attese, gli atteggiamenti.

L'interpretazione diventa più importante del fatto in sé e può modificare le conseguenze, in senso favorevole o sfavorevole.

È una scelta.

Potete iniziare in qualsiasi momento a presentare il conto alle vostre paure, anche se avete appena ceduto al panico. Non è mai troppo tardi per iniziare a misurarsi, allargarsi, espandersi e prendere confidenza. Mai.

E non è mai troppo tardi per iniziare a notare che è proprio vero che il limite più grande alle nostre realizzazioni siamo effettivamente noi stessi.

Non devo ripetervi nulla.

Devo solo chiedervi un favore.

Cerco ancora quel bambino per raccontargli tutto questo.

Se lo incontrate, ditegli che lo aspetto.

Questo libro serve a saldare il debito che ho con lui.

A presto e grazie.

E ora...

...è il momento di lasciare andare queste parole verso il destino che si sono scelte ed è il momento dei ringraziamenti.

Vorrei avere detto io che "un colpo alla vita è una ferita che si iscrive nella nostra storia, non è un destino" ma l'ha già detto Boris Cyrulnik ed io ci credo.

Prego perché anche voi ci crediate.

Mi piacerebbe anche avere scritto che "dominare la vita significa essenzialmente ridurne la complessità" ma visto che anche questo lo ha già scritto Niklas Luhmann non mi è rimasto altro provare a scrivere nel modo più semplice di cui sono capace di un argomento tanto dibattuto.

È il modo di ringraziare tutti i lettori che mi hanno dato così tanta fiducia.

Questo libro non sarebbe esistito senza l'amore e l'aiuto di Sandra, Giordano, Francesca, Alessandro, Giuseppe, Mario, Mariano,

Maurizio, Giulio, Roberta, Neno, Beatrice, Stefania, Renato, Marco, Silvia, Mirko, Jacopo, Maddalena, Lamberto, Massimo.

Sono solo alcuni, gli altri sono ugualmente scritti nel mio cuore.

In modo diverso, attraverso vie a volte misteriose, ma sempre splendide, queste persone hanno il merito di quanto di buono queste pagine possono portare.

Quello che non va invece è tutta opera mia.

Paura a parte.

Sebastiano

info@sebastianozanolli.com
www.sebastianozanolli.com

Supportate www.operationsmile.it

1796. *Collana Trend*

2. Alex F. Osborn, *L'arte della creativity. Principi e procedure di creative problem-solving*
4. Abe Wagner, *Il manager transazionale. Come risolvere i problemi delle persone con l'analisi transazionale*
5. Carlo Majello, *L'arte di comunicare*
6. Mirella Ducceschi, *Manager e no. Guida socio-psicologica alla "organizzazione"*
7. Maurice D. Levi, *Pensare "economicamente". Come decidere un investimento, scegliere una professione*
8. Wolfgang Zielke, *Tecniche di lettura rapida. Guida ai nuovi metodi di lettura per tecnici, ricercatori, professionisti, politici*
9. Andrew Leigh, *Decisioni, decisioni!*
10. E. Raudsepp, G.P. Hough jr., *Giochi per sviluppare la creatività. 66 esercizi per ampliare le vostre capacità di risolvere i problemi*
11. Alberto Pozzi, *Le tecniche di memoria. Corso pratico per l'apprendimento*
12. Gianni Marinozzi, *La logica del piffero. Il linguaggio e le strategie dei beni di largo consumo*
13. Tepper Ron, *Come diventare un grande consulente. I segreti di 10 professionisti di successo*
14. Alan S. Brown, *Il potere della memoria. Come massimizzarne l'impiego negli affari e nelle professioni*
15. D. Truini, *Gli strumenti del pensiero. Guida alla conoscenza dei meccanismi logici e allo studio razionale dei problemi*
16. Eugene Raudsepp, *L'importanza di essere creativi. 50 giochi ed esercizi per rafforzare la creatività*
17. Vera F. Birkenbihl, *Stress e felicità. Guida pratica per convivere con lo stress della vita moderna*
18. Manuel London, Edward M. Mone, *Strategie di carriera. Come trovare il lavoro che piace, sviluppare le proprie opportunità e «sopravvivere» al successo*
19. Jean Simonet, Renée Simonet, *Scrivere per ricordare. Come prendere appunti in modo intelligente*
21. John M. Keil, *Da Zig a Zag. Come essere creativi con successo*
22. Vittorio Masoni, *Scrivere chiaro. Guida operativa per redigere relazioni e rapporti*
23. Errol R. Korn, George J. Pratt, *Iper-Performance. La strategia A.I.M. per realizzare il proprio potenziale di successo*
24. Fred E. Jandt, *Winner contro Winner: come condurre una trattativa con i propri clienti, con i propri fornitori, con i propri dipendenti*, in collaborazione con Paul Gilette
25. Kurt Gayer, *Fatti la tua immagine*
26. Anne Boe, Bettie B. Youngs, *Come creare una rete di relazioni e rapporti per avere successo*
27. Gordon Bell, *I segreti del successo: come parlare in pubblico... anche per lavoro. Come farsi ascoltare*
28. Corrado de Francesco, Marco Torri, *Il personal in studio: una guida pratica per i professionisti*
29. Robert Parkinson, *Come indurre gli altri ad agire a modo vostro*
30. W.M. Greenfield, *Come gestire i propri affari e vivere felici*
31. Dieter F. Ahrens, *Come pianificare la propria vita. Le sette tappe verso il successo, la felicità e l'armonia*
32. Jean-Louis Martineau, *Cambiare lavoro. Entrare da vincenti nella nuova azienda e lasciare un buon ricordo di sé*
33. H. Anthony Medley, *Come sostenere un colloquio d'assunzione*
34. André Finn, Isabel Miranda, *Eva alla ricerca d'un impiego. Dalla conoscenza di se stesse alle strategie d'azione*
35. Jack Falvey, *Strategie di carriera dopo i 35 anni*
36. Vera F. Birkenbihl, *Segnali del corpo. Come interpretare il linguaggio corporeo*
37. Michael Stevens, *Come presentare al meglio se stessi e le proprie idee. Corso d'autoistruzione sulle nuove «tecniche di presentazione»*

38. Marco Fiorini, *Come assicurarsi il lavoro che piace. Un metodo per valutarsi e costruire il proprio futuro*
39. D. Mackenzie Davey, *Come capire e valutare chi ci sta di fronte. Metodi e tecniche per diventare un buon giudice*
40. Ian Linton, Romano Gasperoni, *Il mestiere di scrivere. L'arte di «guadagnarsi da vivere» scrivendo*
41. Günter F. Gross, *Professionisti sul lavoro, dilettanti in famiglia?*
42. Peter Honey, *Come trattare con gli altri. Guida pratica alla «comunicazione interattiva» (nei rapporti di lavoro, familiari e di amicizia)*
43. Lothar J. Seiwert, *Gestisci il tuo tempo*
44. Jim Barrett, Geoff Williams, *Scoprite le vostre attitudini*
45. Vera F. Birkenbihl, *L'arte di intendersi ovvero come imparare a comunicare meglio*
46. Suzan Lewis, Cary L. Cooper, *Se la mamma lavora. Come conciliare famiglia e lavoro nelle coppie a «doppia carriera»*
47. Glauco Bigongiali, *Come scegliersi un avvocato. Cosa chiedergli, come comportarsi, cosa attendersi: guida pratica e ragionata*
48. J. Humphrey, F. Humphrey, *Come riuscire a fare di più e meglio per ottenere il massimo dal vostro impegno*
49. Carlo Majello, *Il business a tavola. Come organizzare incontri conviviali di successo*
50. Paul McLaughlin, *Intervistare... o essere intervistati. L'arte di porre le domande (e di rispondere)*
51. Robert Regis Dvorak, *Mantenersi in forma alla scrivania. Suggerimenti ed esercizi per vivere meglio negli uffici nell'era dei computer*
52. Lynn Fossum, *Dominare l'ansia. Corso di autocontrollo (con giochi, test e questionari)*
53. H.B. Gelatt, *Tecniche creative di decisione. Ovvero come affrontare il futuro con fantasia e ottimismo*
54. Herbert S. Kindler, *Come minimizzare i rischi. Guida al successo in un mondo sempre più imprevedibile*
55. Samuel E. Ray, *Cinquantenni alla riscossa. Come conseguire, conservare o ritrovare lavoro e successo*
56. Hubert Jaoui, *Creatività per tutti. Strumenti e metodi da impiegare nel quotidiano*
57. Patrick Le Queau, *Come chiedere un aumento al proprio capo*
58. Marie-Louise Pierson, *Come costruire la propria immagine. Come conoscerla. Come valorizzarla. Come comunicarla*
59. Edna Sheedy, *Come far soldi lavorando a casa. Guida per avviare un'attività in proprio: il primo anno*
60. Alain Benoit, *L'arte della sintesi. Nei rapporti, discorsi, riunioni, lezioni, interviste...*
61. Rebecca L. Luhn, *Imparare a non arrabbiarsi. Come vivere sani e felici convertendo tensioni e irritazioni in energia positiva*
62. Gilberte Caron, Gilles Hauser, *Costruire il proprio futuro. Le nuove strategie di crescita professionale e di carriera*
63. Alberto Pozzi, *Corso di lettura rapida e di metodologia di studio*
64. Sam Horn, *Concentrazione! Come apprenderne il metodo per riuscire con successo nello studio e nel lavoro*
65. Christiane Montécot, *Comunicare scrivendo. Come preparare: rapporti, comunicati di servizio, messaggi commerciali, presentazioni di vendita, sintesi di ricerche...*
66. Patti Hathaway, *Affrontare le critiche senza irritarsi. Come accettarle o muoverle in modo produttivo*
67. Jeff Davidson, *Fermati e prendi fiato. Come vivere e lavorare ad un ritmo umano in una società che corre*
68. Sam R. Lloyd, Christine Berthelot, *Come ottenere quello che volete dalla vita. Guida pratica al successo personale attraverso il* self-empowerment
69. Nicola Cacace, *Oltre il 2000. Consigli per i giovani che lavoreranno nel 3° millennio. Scenario 2005 per l'Europa del lavoro e delle professioni*
70. Elwood N. Chapman, *Ottimisti si diventa. Come sviluppare una personalità positiva*
71. Diane Bone, *L'arte di ascoltare. Come ottenere molto di più nello studio e nel lavoro diventando buoni ascoltatori*

72. Marco Fiorini, *1000 e 1 astuzie per farsi assumere. Dedicato a chi vuole superare brillantemente un colloquio di assunzione*
73. Merrill F. Raber, George Dyck, *Come liberarsi dallo stress. Corso completo per vivere più sereni (con giochi, test ed esercizi)*
74. Luigi Cerreti, Maria Tatsos, *Sportello facile. Come districarsi con successo nella giungla della burocrazia*
75. Vittorio Masoni, *Imparare a scrivere lettere, relazioni, rapporti*
76. Kurt Hanks, Jay Parry, *Svegliate il vostro genio creativo. Mille idee semplici per averne di grandiose*
77. Jack Gratus, *Come organizzare una riunione. Quando – dove – come, (Corso rapido con audiocassetta)*
78. Helen Froggatt, Paul Stamp, *Lavorare sotto pressione. Guida anti-stress al superlavoro*, (Corso rapido con audiocassetta)
79. John Campbell, *Come tenere un discorso. Vincere le paure, preparare il testo, il tono della voce, gli ausilii e i promemoria*, (Corso rapido con audiocassetta)
80. Kurt Hanks, Gerreld Pulsipher, *La comunicazione attraente. Le 62 regole per avere successo parlando con gli altri*
81. James R. Sherman, *Come rompere gli indugi. Tecniche sperimentate per aiutarvi a fare con successo le cose senza rimandare*
82. Uelaine Lengefeld, *Imparare a studiare. Come apprendere di più, più rapidamente, più a fondo*
83. Barbara J. Braham, *Trovate la vostra strada! Come realizzarsi e dare uno "scopo" alla propria vita*
84. Elaina Zuker, *La capacità d'influenzare gli altri. Piccoli e grandi suggerimenti per ispirare fiducia, ottenere consenso e cooperazione*
86. Paola Crimini, Edoardo Giusti, *Come scrivere il proprio curriculum. Le regole d'oro per trovare il lavoro giusto*
87. Richard Knowdell, Elwood N. Chapman, *Aiutare gli altri a capire e risolvere i problemi. Una guida al counseling per professionisti, consulenti, manager, insegnanti, tutor, operatori sociali...*
88. Alessandro Antonietti, Chiara Angelini, Paolo Cerana, *L'intuizione visiva. Utilizzare le immagini per analizzare e risolvere i problemi*
91. Alda Fiordelli, Graziella Nugnes, *Trovare lavoro non è solo questione di fortuna. Come valorizzare le proprie capacità e opportunità*
92. Kurt Hanks, *Navigare nel cambiamento. Come prepararsi ad un futuro inesplorato*
93. Kerry Gleeson, *Il Programma di Efficienza Personale. Come organizzarsi per svolgere più lavoro in meno tempo*
94. Andrea Imperiali, *Come entrare nel mondo della pubblicità. Le professioni della comunicazione d'impresa*
95. Ovidio Guaita, *Come entrare nel mondo della fotografia. Le attitudini richieste, le scuole da frequentare, le specializzazioni e i mercati della comunicazione fotografica*
96. Enrico Cogno, *Come risolvere i problemi. Tecniche per trasformare gli ostacoli in opportunità con il pensiero antitetico*
97. Madelyn Burley-Allen, *Imparare ad ascoltare. Come cogliere i segnali deboli, ottenere le informazioni desiderate, migliorare le relazioni interpersonali sviluppando le capacità d'ascolto*
98. Harry Alder, *Idee brillanti e soluzioni efficaci. Come sfruttare il potenziale della mente per ottenere il successo personale e professionale*
99. Walter Passerini, *Il trovalavoro. Le pagine gialle del lavoro. Tutto (ma proprio tutto) quello che serve per trovare o cambiare lavoro*
100. Marco Simini, *La comprensione reciproca. Comunicare bene per vivere meglio con se stessi e con gli altri nel lavoro e negli affetti*
101. Claudio Vagni, Anna Zanardi, *Automotivazione. Per crescere dentro bisogna prima crescere fuori*
102. Federico Nenzioni, *L'arte della persuasione: come ottenere l'assenso del pubblico in tutte le situazioni*

103. Anna Maria Catano, *Come entrare nel mondo del turismo. I profili professionali, i percorsi formativi, le attitudini richieste*
104. A. Macchi, L. Manusardi, *Come entrare nel mondo del cinema. Le professioni del set, le specializzazioni richieste, le scuole da frequentare, i concorsi, le case di produzione a cui rivolgersi*
105. Rossella Santilli, *Come entrare nel mondo del giornalismo. Le attitudini richieste, le scuole da frequentare, le specializzazioni e le possibilità nel mercato dei media*
106. Simonetta Rossi, Maria Claudia Scotese, *Come scrivere lettere (di presentazione, di impiego, di protesta...), verbali, annunci, curricoli, biglietti (di auguri, di invito, di ringraziamento...)*
107. Maurizio Teodoro, *E dopo la maturità? 10 fasi per orientarmi negli studi, nel lavoro, nella vita! Il manuale pratico che cercavo con 1000 indirizzi e altre fonti*
108. Minnie Luongo, *Come entrare nel mondo dell'assistenza. Le varie possibilità nel pubblico e nel privato, i corsi e le scuole, le attitudini necessarie, le reali opportunità di lavoro*
109. Maria Vittoria Borella, *Comunicare, persuadere, convincere. Come ottenere dagli altri quello che si vuole con le tecniche di programmazione neurolinguistica*
110. Charles P. Lickson, *Come risolvere amichevolmente conflitti e controversie nella vita privata e di lavoro*
111. Michael Beer, *Convincere gli altri. La sottile arte della persuasione*
112. Sissi Bellomo, *Studiare negli Stati Uniti*
113. Luigi Faccini, *Cercare lavoro in Internet. Un viaggio virtuale attraverso i siti che offrono servizi per il lavoro*
114. Alfredo Cattinelli, *Gestire i rapporti con gli altri. Come utilizzare la Conversazione Efficace e la PNL per ottenere quello che volete*
115. Richard Koch, *Il principio 80/20: il segreto per ottenere di più con meno*
116. Maria Cristina Alfieri, Nicoletta Spolini, *Come entrare nel mondo della multimedialità*
118. Kent L. Straat, *Quello che il vostro capo non puï dirvi. Come valutare l'azienda in cui lavorate, il vostro lavoro, i vostri obiettivi, le vostre prestazioni*
119. Christina Franzoni, *Manager come noi. Donne dirigenti: storie di carriera e consigli per il successo*
120. Vittoria M. Borella, *Il rapporto medico-paziente. Tecniche e suggerimenti pratici per un buon rapporto coi propri pazienti*
121. Jim Dugger, *Le tecniche d'ascolto. Come gestire più efficacemente la vostra comunicazione e le relazioni sul lavoro, con gli amici, in famiglia*
122. Paola Crimini, Emanuela Del Pianto, *Come affrontare una selezione. I test, il colloquio, le prove di gruppo*
123. Giorgio Vitrotti, *Un futuro di vita. Transizione attiva dal lavoro al pensionamento*
124. Giancarlo Visconti, *Comunicare bene. Una chiave per il successo*
125. Robin Sieger, *Natural Born Winner. Riuscire nella vita. Come realizzare i nostri obiettivi potenziando le infinite risorse nascoste in noi*
126. F. De Nardi, R. Vanzetti, *Come trovare lavoro a Londra e dintorni*
127. Rita Apollonio, Giulia Carosello, *Come aprire un Bed & Breakfast in Italia. Dall'idea alla realizzazione*
128. Diego Agostini, *Percorsi positivi. La via dell'efficacia personale*
129. Mario Furlan, *Risveglia il campione in te. Come utilizzare al meglio cervello, corpo ed emozioni per ottenere il massimo sul lavoro, nello studio, nella salute, in società*
130. Federico Nenzioni, *L'arte dello scrivere efficace. Come esprimere idee, sentimenti ed emozioni predisponendo positivamente gli altri nei nostri confronti*
131. Pierre Casse, Paul George Claudel, *La "filosofia" per tutti. Il contributo della filosofia al miglioramento della nostra vita*
132. Alfredo Cattinelli, *Convincere influenzare persuadere. Tecniche e modelli avanzati della nuova arte del Consuadere*
133. Corrado De Francesco, *Computer e Internet per lavorare con i testi. Stile, struttura e raccolta delle informazioni*
134. Enrico Pulcini, *Scrivere, linkare, comunicare per il web*
135. Giorgio Ceredi, *È inutile andare al massimo se si va nella direzione sbagliata. Consigli, strumenti e tecniche per individuare gli obiettivi giusti, dare più efficacia all'azione e non perdere la determinazione di realizzare le proprie aspirazioni*

136. Fabio Ciuffoli, *Problem solving con creatività. Giochi logici, paradossi e test per risolvere i problemi cambiando prospettiva*
137. Nicola Alberto De Carlo, *Le imprese cercano. Guida al lavoro per i giovani in una società che cambia. Con un questionario degli interessi professionali*
138. Grazia Visconti, *Il giornalista on line. Dal web writer al web editor*
139. Martina Feola, Claudio Oliva (a cura di), *Da oggi cerco lavoro. Dalla conoscenza di se stessi agli strumenti per conquistare un impiego*
140. Anna Tortorella, Davide Cristante, Pierpaolo Luderin, *Laureati & lavori. Dall'Università al mondo delle Professioni*
141. Bruno Benouski, Riccardo Santilli, Laura Quintarelli, *L'arte di trasformare i desideri in risultati. Come realizzare le proprie aspirazioni con la guida di un moderno Aladino esperto in PNL*
142. Francesca Trevisi, Maurizio Dovigi, *Come entrare nel mondo della tv*
143. Francesco Sansone, *Il pensiero flessibile. Gli strumenti operativi per sviluppare la flessibilità mentale e raggiungere l'eccellenza in ambito professionale*
144. Vera F. Birkenbihl, *L'arte di persuadere. Come affrontare con successo i propri compiti di comunicazione: da colloqui a trattative difficili a discorsi in pubblico*
145. Claudio Nutrito, *Voglio essere più creativo! Come sviluppare il pensiero innovativo per la ricerca di piccole e grandi idee*
146. Federico Nenzioni, *Come capire gli altri. Guida rapida per interagire con loro nel modo più efficace*
147. Filippo Ferrari, *Trovare il lavoro su misura. Dalle competenze personali alla selezione vincente fino alla mappa dell'organizzazione*
149. Hubert Jaoui, *Fiorire. Guida creativa per il successo e lo sviluppo personale*
150. Sebastiano Zanolli, *La grande differenza. Una mappa utile per raggiungere le proprie mete*
151. Richard Farson, Ralph Keyes, *Vince chi fa più errori. Il paradosso dell'innovazione*
152. Monica Simionato, George Anderson, *Terapia d'urto. La comunicazione come strumento per gestire le proprie emozioni*
153. Stephen R. Covey, *Le 7 regole per avere successo*
154. Stefano M. Masullo, *L'arte del successo. Come avere successo nella vita e nel lavoro ottenendo il meglio da sé e dagli altri*
155. Emilio Gramegna, *La domanda giusta. L'arte dell'intervista individuale*
156. Alfredo Cattinelli, *Comunicare coinvolgere guidare. Come creare, far crescere e gestire un gruppo di successo*
157. Corrado de Francesco, Giovanni Delli Zotti, *Tesi (e tesine) con PC e Web. Impostare e scrivere il testo, organizzare e gestire idee e materiali, cercare informazioni su Internet*
158. Kurt Hanks, *MotivAzione. Come convincere gli altri a fare il proprio dovere e a dirvi anche grazie*
159. Mimma Tafà (a cura di), *Quando arriva il momento di laurearsi in psicologia. Il progetto, la tesi, la ricerca bibliografica*
160. Rita Apollonio, Giulia Carosella, *Promozione e comunicazione per i "nuovi" operatori turistici. Bed and Breakfast, agriturismi, dimore storiche, appartamenti, villaggi, campeggi e alberghi a conduzione familiare*
161. Fabio Ciuffoli, *Giochi, esercizi e test di creatività. Strategie e applicazioni di creative problem solving*
162. Laura Colombo, *Stage in azienda. Guida pratica per formarsi ed entrare nel mondo del lavoro*
163. Laurence Kolczok, Marcello Tonani, *Cercare lavoro divertendosi! Guida pratica che vi accompagna attraverso tutte le fasi della ricerca di un lavoro per poter essere assunti senza troppi stress*
164. Luca Baiguini, *Il pubblico nelle tue mani. Tecniche e abilità per tenere con successo discorsi e presentazioni*
165. Enrico Cheli, *Relazioni in armonia. Sviluppare l'intelligenza emotiva e le abilità comunicative per stare meglio con gli altri e con se stessi. Teorie, tecniche, esercizi, testimonianze*
166. Hyrum W. Smith, *Quel che conta davvero Come focalizzare le priorità e centrare gli obiettivi*

167. Filippo Incigneri, *Sviluppare la propria efficacia. Proposte di training psico-energetico per costruire percorsi di crescita personale e professionale*
168. Luca Stanchieri, *Il meglio di sé. Come sviluppare le proprie potenzialità con il lifecoaching*
169. Dave Marcum, Steve Smith, Mahan Khalsa, *BusinessThink Risultati subito, per voi e la vostra azienda*
170. Sebastiano Zanolli, *Una soluzione intelligente alle difficoltà quotidiane. Creare reti di relazione per affrontare il caos di ogni giorno*
171. Stefania Vulcano, *Scegliersi, scegliere, essere scelti. Strumenti per orientarsi ed orientare, con test ed esercizi di auto-analisi e sviluppo*
172. Maurizio Donatello, *Il salvagente dello studente. Come sviluppare attenzione, concentrazione e memoria per avere successo*
173. Stephen R. Covey, *L'ottava regola. Dall'efficacia all'efficenza*
175. Ferdinando Azzariti, *Benvenuti nell'olimpo. La forza del talento e della motivazione*
176. Federico Nenzioni, Antonio Nenzioni, *Sì..., ma nel mio caso non funziona. Come prevenire e confutare obiezioni, critiche, conflitti con il sorriso sulle labbra*
177. Diego Agostini, *Punti di forza. Scopri, misura e costruisci il tuo talento*
180. Stefano Luisotti, *Come far crescere una piccola impresa*
181. Virginia Busato, *Conoscere i cinesi. Tutto quello che c'è da sapere sui nuovi protagonisti della scena mondiale*
182. Sebastiano Zanolli, *Paura a parte. Riflessioni e suggerimenti sul lavoro, la vita e la paura in un mondo precario*